Sexo:
a hora é agora?

O QUE VOCÊ PRECISA SABER PARA TOMAR ESSA DECISÃO

A história de quatro
amigos passando pelas
mesmas encanações que você...

Sexo: a hora é agora?

Diretor editorial Fernando Paixão
Editora Gabriela Dias
Editor assistente Fabricio Waltrick
Preparação Lavínia Fávero
Coordenadora de revisão Ivany Picasso Batista
Revisoras Alessandra Miranda de Sá e Luciene Lima

ARTE
Projeto gráfico Daniel Trench e Fernanda Ficher
Editora Cíntia Maria da Silva
Diagramadora Ana Paula Fujita
Editoração eletrônica Moacir K. Matsusaki

CIP-BRASIL. CATALOGAÇÃO NA FONTE
SINDICATO NACIONAL DOS EDITORES DE LIVROS, RJ.

W495s

Wendel, Fernanda
Sexo : a hora é agora? : o que você precisa saber para tomar essa decisão / Fernanda Wendel ; apresentação de Jairo Bouer ; ilustrações de Rogério Coelho ; consultoria técnica da Dra. Maria Helena Vilela (Instituto Kaplan). – São Paulo : Ática, 2007.
120p. : il. – (Universo Jovem)

Apêndice
ISBN 978-85-08-10861-9

1. Comportamento. 2. Sexo. 3. Relações sexuais. 4. Virgindade. 5. Doenças sexualmente transmissíveis – Prevenção. 6. Anticoncepcionais. 7. Literatura infantojuvenil. I. Título. II. Série.

07-0034 CDD 613.951
CDU 613.96

ISBN 978 85 08 10861-9 (aluno)
ISBN 978 85 08 10862-6 (professor)

2025
1ª edição
7ª impressão
Impressão e acabamento:
Log&Print Gráfica, Dados Variáveis e Logística S.A.
OP: 286689

Av. Otaviano Alves de Lima, 4400 – CEP 02909-900 – São Paulo - SP
Atendimento ao cliente: 0800 115152 – Fax: (11) 3990-1776
www.atica.com.br – www.atica.com.br/educacional – atendimento@atica.com.br

UNIVERSO JOVEM

FERNANDA WENDEL

Sexo: a hora é agora?

O QUE VOCÊ PRECISA SABER PARA TOMAR ESSA DECISÃO

A história de quatro amigos passando pelas mesmas encanações que você...

apresentação de JAIRO BOUER
ilustrações de ROGÉRIO COELHO

conforme a nova ortografia da língua portuguesa

Consultoria técnica da Dra. Maria Helena Vilela (Instituto Kaplan)

editora ática

agora tudo mudou!

agora é a hora?

agora aguenta!

APRESENTAÇÃO

Jairo Bouer

Não é tarefa fácil falar de assuntos como mudanças no corpo, namoro, primeira vez, timidez e amizade de um jeito objetivo e, ao mesmo tempo, interessante. Os jovens hoje recebem muita informação de diversas fontes: escola, televisão, internet, rádio, a própria casa... e por aí vai! Mas nem sempre essas informações chegam do jeito que eles gostam e de forma fácil de incorporar à vida cotidiana.

O resultado é uma certa saturação em relação às tentativas de transmissão desses conhecimentos. Algo como "não aguento mais falar de camisinha", "estou careca de saber que transar sem cuidados traz risco de gravidez" etc.

Só que, do ponto de vista prático, mesmo com todas essas informações, os jovens continuam a deixar o que eles sabem de lado e acabam se expondo a muitas situações de risco. Fica então o desafio: como falar de forma que não seja repetitiva e que dê conta do recado?

Uma das maneiras mais criativas para falar desses assuntos e fazer com que eles se aproximem do nosso universo emocional é o uso da ficção, como fez Fernanda Wendel no livro que você lerá agora. Nele, você vai acompanhar as deliciosas aventuras da descoberta da sexualidade por um grupo de quatro amigos. Diferentes e, ao mesmo tempo, tão parecidos com todos nós, eles vão enfrentar incertezas, dúvidas e bloqueios muito comuns nessa fase da vida.

Fernanda Wendel é uma jornalista que, desde o início da sua vida profissional, trabalhou em *sites*, revistas e televisão com temas importantes para o público jovem: saúde, sexualidade, drogas e comportamento. Além da afinidade e da prática com esses temas, Fernanda teve algumas passagens pela Escola de Cinema e Televisão em Cuba, fundada por Gabriel García Márquez, onde pôde desenvolver melhor as questões do roteiro e da ficção.

A mistura entre ficção e informação tem produzido alguns dos mais interessantes conteúdos para jovens ao redor do mundo. A ficção tem o poder de fazer com que o leitor saia da sua posição de mero espectador, convidando-o a participar ativamente, gerando um processo de criação e de elaboração emocional. E isso é muito importante quando a gente pensa em comportamento.

É como se, vivenciando a "realidade" dos personagens, a gente pudesse se aproximar mais das informações e, a partir daí, incorporá-las de fato à vida prática. Com isso, além de *saber*, podemos *usar* aquilo que sabemos ser importante para cada um de nós.

Ponto para Fernanda, que se saiu, mais uma vez, muito bem. Aliás, como em tudo que ela escreve. Ponto para a editora, que tem um livro muito interessante. E, melhor de tudo, ponto para o leitor, que ganha uma alternativa criativa para entender questões tão essenciais.

Divirtam-se!

O médico psiquiatra **Jairo Bouer** é um dos nomes mais conhecidos no estudo da sexualidade e do comportamento jovem. Além de colunista de jornal e apresentador de TV, é autor de livros informativos.

agora tudo mudou!

mau humor mensal

Carolina acordou naquela quarta-feira com o barulho do despertador. Parecia que não tinha dormido nada – estava supercansada, com dores no corpo, como se tivesse sido atropelada por um caminhão. No melhor estilo zumbi, foi escovar os dentes e trocar de roupa, antes que se atrasasse para o colégio. Aí percebeu a causa de tanto desânimo: tinha ficado menstruada.

Já fazia três anos que a cena se repetia. Logo depois de completar 11 anos, de uma hora para outra, sem aviso nenhum, Carolina teve sua primeira menstruação. Foi um susto! Ela já sabia o que era, mas não esperava que acontecesse tão cedo.

– Comigo foi nessa época também, filha. É assim mesmo. Os médicos não dizem que a genética interfere nisso? Pois é: minha mãe ficou menstruada aos 12 anos, eu e sua tia aos 11. Chegou a sua vez! Afinal, você já está deixando de ser criança...

A mãe de Carolina tinha falado isso como se fosse a coisa mais normal do mundo. Mas para a menina não era. Como assim, deixar de ser criança? E ela por acaso estava ensandecida para virar adulta?

Só que, naquela manhã, não tinha muito o que fazer. Carolina pegou alguma coisa para comer, colocou a mochila nas costas e saiu correndo.

– Queria saber quem foi o maldito que inventou a menstruação. Só pode ter sido um homem! Uma mulher jamais desejaria isso para outra.

E foi resmungando pelo corredor até o apartamento do Fábio. Todos os dias ela pegava carona com ele para a escola. Os dois eram amigos desde pequenos, pareciam até irmãos. Fábio, aliás, acharia muito melhor se Carolina tivesse nascido no lugar de Luís, seu irmão de verdade. Só porque era mais velho, Luís achava que podia zoar Fábio até cansar.

– Seu pirralho, bebezão! Não tem nem pelo na cara! O bicho é tão estranho que parece um filhote de ornitorrinco saindo do ovo!

Fábio não fazia a menor ideia de como era um filhote de ornitorrinco. Achava que o irmão inventava isso só para atazanar. O pior é que não tinha nada que o irritasse mais do que as pessoas que tiravam sarro da sua aparência. Tudo bem, ele era o mais novo da classe mesmo, já que tinha entrado um ano adiantado na escola. Mas será que daria para parar de lembrar a todo momento que ele tinha cara de mais novo? Ele era o mais baixo da sala, o mais magrinho, e ainda tinha que ouvir gozação? E quem esses meninos pensavam que eram? Só porque tinham feito 14 ou 15 anos não queria dizer que eram uns gostosões. Espinha no rosto agora era sinal de maturidade?

– Anda logo, ornitorrinco, sua amiga chegou! – berrou Luís da porta de casa.

Fábio até se assustou quando viu Carol. Ela estava com cara de quem ia para a guerra.

– Aconteceu alguma coisa, Carol?

– Eu não entendo quando dizem que a adolescência é a melhor época da vida, Fábio. Deve ser coisa de velhinhos gagás, que esqueceram como é chato tudo isso.

– Pronto, a amiguinha do pivete está em crise.

– Cala a boca, Luís, deixa ela em paz!

Carolina só faltou rosnar de volta para o Luís. Ela não entendia por que as garotas da escola se derretiam por ele. Só porque ele era altão e usava aquele cavanhaque ridículo? O cara jogava futebol no pátio só para se exibir. Qualquer dia tropeçaria na própria vaidade.

Os três ficaram mudos pelo resto do caminho. Como de costume, Luís saiu correndo assim que chegaram, para jogar bola antes de bater o sinal. Fábio ainda tentou puxar papo com Carol, mas desistiu rapidinho. Melissa, a melhor amiga da Carol, estava esperando no portão. Era impressionante como, antes das 7 da manhã, ela já estava com o cabelo arrumadíssimo, o rosto maquiado, pronta para fazer comentários sobre todos os meninos do colégio.

– Não acredito que você pega carona com esse deus todos os dias. Você é uma boba! Devia era ficar logo com ele!

– Acha mesmo? Então fica com o mala sem alça para você!

– Credo, Carol! Ficou de chico, é?

– FIQUEI!!! Grrrrr.

adeus, brinquedos!

Os professores já tinham feito uma palestra especial na escola para explicar o que era a puberdade, mas Carol ainda não se entendia muito bem com essa fase. Por mais que dissessem que era uma época bacana, da qual todo mundo vai sentir saudades um dia, ela não se convencia.

Na cabeça da Carol, essa maldita puberdade parecia mais um período em que as pessoas eram secretamente abduzidas por alienígenas para serem vítimas de cruéis experimentos científicos. De que outro jeito explicar o súbito aparecimento de espinhas, pelos por todo o corpo, suor fedido, mãos e pés que crescem desproporcionalmente, peitos que brotam no corpo das meninas do dia para a noite e a barbinha (ridícula!) que cresce na cara dos garotos? Só podia ser coisa de E.T.!

E não era só a Carol que ficava encanada com a puberdade. De uma hora para outra, parece que todo mundo na escola começou a se preocupar com essas mudanças. Alguns não se acostumavam com a "nova embalagem". Os meninos mais altos da turma, por exemplo, pareciam uns desengonçados, com braços e pernas compridas e o tronco magrinho, magrinho... Umas meninas tinham vontade de arrancar os cabelos porque continuavam com corpo de tábua enquanto outras tinham curvas, cintura marcada e seios crescidos. Melissa, por exemplo, daria tudo para poder usar um sutiã 42 como a Carol!

Até a orientadora da escola já tinha passado nas salas para tentar acalmar o pessoal. Era assim mesmo: de repente, um monte de mudanças acontecia no corpo. As meninas ficam com quadris mais largos, seios maiores e começam a menstruar. Os garotos passam a ter pelos no rosto, no peito, nas pernas, e seus órgãos sexuais aumentam de tamanho. Como disse a mãe de Carolina: eles estavam deixando de ser crianças. Esse bando de mudanças era um sinal de que o organismo estava amadurecendo para se tornar adulto, capaz de ter filhos!

Os maiores responsáveis por tantas confusões eram os hormônios sexuais, que começavam a fervilhar na puberdade. Era normal que eles ficassem um pouco descontrolados até o final da adolescência, e isso poderia trazer alguns efeitos colaterais bem chatinhos...

Se, por um lado, os pelos masculinos e as curvas femininas deixavam o pessoal mais atraente, por outro o cabelo ensebado e as espinhas poderiam pôr tudo a perder. Resultado dos hormônios, que estimulam demais as glândulas que secretam gordura na pele.

– É só ter paciência porque, com o tempo, o corpo entra em harmonia. As espinhas devem sumir sozinhas, o cheiro do suor fica mais suave... Não adianta se desesperar, é só dar tempo ao tempo – dizia a orientadora.

– Fácil para ela dizer, né? Queria ver se ela conseguiria ficar com alguém com essa espinha imensa na ponta do nariz – cochichava Melissa, já com o corretivo na mão para tentar disfarçar aquele vermelhão no rosto.

– Melissa, para de cutucar que isso aí só vai piorar!

– Não fica jogando urucubaca, Carol! Amanhã tem festa no clube, esse monstro vai ter que sumir do meu rosto!

AAHH!
Oi...

ideias confusas

Se fosse só o corpo que passasse por essas mudanças, talvez ficasse mais fácil encarar essa fase. Mas a bagunça se estendia à cabeça também. Uma parte do pessoal parecia resistir bravamente à adolescência e queria se prender a qualquer custo à infância. Outros queriam parecer mais velhos do que eram. Era o grupo dos que insistiam para que seu ritmo fosse respeitado contra o dos que queriam atropelar o tempo e acelerar tudo.

Era muito difícil entender o que realmente ficava no meio do caminho entre a infância e a idade adulta. Para algumas coisas, o adolescente era "criança" demais – nada de sair de casa sem avisar, viajar sem gente grande junto ou ter o próprio dinheiro sem precisar dar explicações para os pais. Ao mesmo tempo, todo mundo adorava dizer a famosa frase "isso é coisa de criança, comporte-se como alguém da sua idade!". Quer dizer, fazer manha quando percebesse o que tinha para o almoço era coisa de criança. Mas escolher o próprio cardápio era coisa de adulto? Reclamar de ter que tomar banho era infantil, mas ainda era cedo demais para usar esmalte vermelho nas unhas? Será que alguém poderia definir o que era coisa de adolescente, então?

Nem os próprios adolescentes conseguiam chegar a uma conclusão sobre isso. Carolina e Melissa eram melhores amigas desde o quarto ano, mas seus interesses estavam indo por caminhos completamente opostos. Melissa ainda tinha o rosto de menina, parecia uma boneca de tão bonitinha. Mas ela queria mesmo era ser uma mulher fatal – adorava aumentar a listinha de meninos com quem já tinha ficado. Desde os 10 anos, ela dava beijo na boca, e todos os fins de semana ia para alguma festa em busca de mais um nome para sua coleção de conquistas. Nunca tinha namorado, porque achava que os garotos que conhecia eram infantis demais para ganhar exclusividade.

Carolina estava a quilômetros de ficar com algum menino. Era uma autêntica B.V. – nunca tinha beijado na boca e não ligava nem um pouco para isso, mesmo tendo 14 anos. Ela achava muito mais bacana passar os fins de semana jogando *videogame* com Fábio do que correr atrás de ficantes. Apesar de passarem muuuiiito tempo juntos, nenhum dos dois jamais tinha imaginado ficar com o outro. Eles adoravam manter a amizade, que existia desde a infância, sem ter pressão por beijo ou namoro. Era como se pudessem continuar "brincando" quando estivessem juntos, sem ter que provar nada para ninguém.

Luís era o contrário: botava a maior banca porque várias meninas eram doidas para ficar com ele. De vez em quando, ficava com uma ou outra, só para manter a fama de conquistador. Mas, no fundo, odiava esse papel. Ele havia se colocado nessa posição de galã machão, porém morria de medo de que alguém saísse dizendo por aí que ele beijava mal. Pior ainda: tinha pavor de que seus amigos descobrissem que nunca tinha transado. Claro que ele contava um monte de histórias, inventava casos, mas a verdade é que ele nem sequer tinha visto uma menina sem roupa...

Nenhum dos quatro sabia direito quando as coisas haviam se tornado tão confusas. Num dia, Melissa achava que os moleques eram seres chatinhos que só sabiam estragar as brincadeiras das meninas. Sem mais nem menos, ela passou a sonhar com esses rapazinhos que pareciam tão asquerosos no dia anterior. Luís achava as garotas as pessoas mais chatas e frescas da face da Terra. De repente, se viu planejando estratégias para conquistar todas que pudesse. Carol continuava sem entender por que as pessoas se descabelavam tanto por ficantes, rolos e namoros. Beijos, para ela, eram um hábito melequento de troca de saliva. Para Melissa, eram um meio de ir ao céu. Para Luís, eram o modo de manter o posto de "gostosão" da turma. Para Fábio, eram quase um objetivo impossível. "Que menina vai querer ficar com alguém com essa minha cara de criança?" – esse era seu martírio diário.

corpo estranho

Já eram 10 da manhã, e Melissa estava na aula anotando o que o professor escrevia na lousa, embora sua cabeça estivesse muito distante. Ela estava pensando se daria tempo de fazer depilação até sexta-feira. Queria usar uma minissaia – afinal, a festa da semana seria no prédio da Carol, e era muito provável que Luís estivesse lá.

– Eu não ia nem acreditar se conseguisse ficar com aquele deus!

Até uns dois anos antes ela não precisava de depilação. Tinha tão pouquinhos pelos que bastava clareá-los com água oxigenada. Mas, lá pelos 12 anos, quando ficou menstruada pela primeira vez, a coisa havia mudado. A quantidade e a espessura dos pelos aumentaram. Apareceram pelos debaixo do braço também. Sem contar a virilha... Enquanto os meninos contavam vantagem quando aparecia uma simples penugem no peito, as meninas se desesperavam para se livrar dos pelos!

Na sua palestra, a orientadora da escola tinha dito que os pelos eram apenas um dos sinais de que os hormônios sexuais estavam entrando em ação. Mas a primeira mudança que Melissa realmente havia notado tinha sido nos seios. Um belo dia, apareceu uma espécie de "carocinho" embaixo do mamilo. Ela não podia se conter de felicidade – seu sonho era ter seios grandes. Devagarzinho, a área foi ficando mais gordinha, e os peitos começaram a despontar. Demorou um tempo até os dois seios se acertarem – parecia que em algumas semanas um estava muito maior do que o outro, depois a coisa se invertia. Dava até a impressão de que eles murchavam às vezes, para em seguida voltarem a aumentar de tamanho. Até hoje eles não eram exatamente iguais, mas essa diferença já tinha sido muito maior.

Na mesma época em que os seios estavam naquela "corrida" de qual cresce mais rápido, Melissa passou pelo estirão e cresceu uns bons centímetros em cerca de um ano. Os pelos púbicos também estavam aparecendo: primeiro eram bem fininhos, depois foram ficando mais escuros e volumosos. Nesse período, ela estava meio magricela. Quando seus seios já enchiam um bojo pequeno de sutiã, veio a menstruação. O engraçado é que, em comparação com algumas meninas da sala, ela até que teve a primeira menstruação logo. Algumas garotas estavam superpeitudas, mas nada de menstruar.

A cintura foi afinando, enquanto o quadril parecia ficar mais largo. Claro que ela não se dava por satisfeita – achava que os seios tinham de ser maiores, que a cintura poderia ser mais fina, e os glúteos, mais avantajados. Na cabeça de Melissa, esse seria o segredo para conquistar qualquer garoto que quisesse. Qual menino resistiria a uma gostosona?

Será coincidência essas mudanças acontecerem ao mesmo tempo que começa o interesse por beijos, ficantes e namorados? Provavelmente não. A natureza é bem esperta e usa os atrativos físicos para aproximar potenciais parceiros. Estranho pensar, mas para ela o que importa é que os seres tenham "filhotes" para manter a espécie aqui na Terra. As formas arredondadas das meninas podem deixá-las bem gostosonas, como planejava Melissa, mas elas estão voltadas mesmo é para a gravidez e a amamentação. O quadril largo torna o parto mais fácil – com a bacia estreita, como a dos garotos, ficaria mais difícil para o bebê passar. As glândulas mamárias só se desenvolvem nas meninas porque servem justamente para fabricar a alimentação do recém-nascido. Mesmo que a garota ache que tem seios pequenos, eles aumentam de volume durante a amamentação.

Já a menstruação é o indício mais claro de que o corpo está amadurecendo para poder engravidar um dia. A menarca (*ver glossário*) é um modo de o organismo avisar que os ovários estão começando a funcionar e liberar óvulos. Além disso, é um sinal de que o útero também está se preparando para receber um embrião. Ao contrário do que achava Carolina, portanto, a menstruação não se resume a uma chateação à toa: ela é o jeito de o corpo dizer que está indo tudo conforme o esperado, e que a menina já tem condições físicas para engravidar.

Óbvio que, para o lado psicológico, são outros quinhentos. Só porque uma menina de uns 14 anos tem condições físicas de gerar um bebê, isso não significa que ela tenha estrutura emocional para ser mãe. É mais uma daquelas contradições da adolescência: o corpo da menina já é capaz de fazer um filho, mas a cabeça ainda não está preparada para lidar com todas as responsabilidades que vêm com o filhote.

eles também!

Não era só Melissa que estava distraída naquela manhã. O mau humor de Carolina estava passando aos poucos: a preocupação principal agora era calcular se a menstruação terminaria até sábado. O fim de semana prometia ser de sol, e ela não queria perder a piscina do clube por causa daquela chatice. Algumas garotas usavam absorvente interno para nadar, mas ela não se sentia à vontade. Sabia que era besteira, porém achava que todo mundo perceberia que estava menstruada. Todas as vezes que Melissa via a amiga desistir de algum programa por causa da menstruação, vinha com a mesma ladainha:

– Carol, você vai se arrepender quando perceber o tempo que perdeu por causa dessa sua paranoia besta!

Na sala ao lado, Fábio também não conseguia se livrar do seu fantasma. O garoto que sentava junto a ele ostentava uma invejável barba por fazer. Está bem, não era exatamente aquela barba grossa, mas era uma razoável cobertura para o queixo e as bochechas – pelo menos para quem não tinha nenhum pelinho a cultivar no rosto.

Era inexplicável para ele como alguns meninos tinham a sorte de parecer tão maduros, enquanto ele se sentia tão infantil. As garotas só se derretiam pelos rapazes com jeito de mais velhos, e ele era tratado como café com leite, o "irmãozinho fofo do Luís". Mesmo sendo apenas três anos e meio mais novo, Fábio se sentia décadas atrasado em relação ao irmão. Ele lembrava que, aos 15 anos, Luís já se barbeava quase todos os dias. Com 12 anos, o pai deu-lhe um desodorante e disse que, com os pelos na axila, o suor tendia a ficar com cheiro mais forte. E lá estava Fábio: 13 anos, sem ganhar desodorante nem barbeador e com cara de criança!

O pior era aguentar a zoeira do irmão. O pai achava graça da situação e dizia para Fábio não ligar, que ele um dia poderia dar o troco. A mãe, pelo menos, se mostrava mais solidária e vivia dando um chega pra lá no filho mais velho. Fábio até percebia que ela tentava ajudar, mas ela nunca poderia entender como era ser o pirralho da turma.

Uns dois meses antes, a mãe o tinha levado para conversar com um médico. Ela havia percebido que Fábio estava incomodado com seu crescimento e que, por mais que dissesse a ele que as coisas estavam seguindo o seu caminho normal, o filho não se dava por convencido.

Depois de examinar Fábio (checar peso, altura, pressão – essas coisas que os médicos sempre fazem), o doutor sentou-se e começou a explicar:

– Bom, eu sei que você vai achar que estou mentindo, mas seu crescimento está absolutamente normal. Sua altura está totalmente compatível com seu desenvolvimento. Não ache que o organismo passa de uma fase para outra num minuto. Há todo um processo que precisa ser completado.

Nisso a cabeça de Fábio já divagava por aí: "Lá vem papo de médico, de que cada um tem seu tempo, blá-blá-blá...".

– Nestes próximos doze meses, seu pênis e seus testículos devem aumentar de tamanho.

"O quê? Ouvi bem? Pelo menos uma coisa vai deixar de ser infantil! U-hu!"

– Os pelos púbicos vão aparecendo aos poucos, depois vêm a barba e o bigode.

– Só uma coisa, doutor. Vão crescer quanto exatamente?

– Não dá para afirmar com precisão – e nisso o médico abriu um sorriso compreensivo, como se soubesse que aquela pergunta apareceria –, mas ele vai aumentar. E vai continuar crescendo até você ter uns 18 anos, mais ou menos. É sinal de que você está produzindo mais testosterona, o que também vai fazer com que seus testículos passem a produzir espermatozoides, e você comece a ejacular. Você sabe o que são espermatozoides, não é?

– Sei, claro que sei!

Mentira... Ele tinha uma vaga ideia de que era uma gosma que os meninos produziam. Mas não sabia que passaria a produzir espermatozoides! Fábio achava que sempre havia tido espermatozoides em seu corpo e que só não conseguia colocá-los para fora.

– Então é isso. Sua altura também deve aumentar nos próximos meses. Se daqui a um ano você não perceber nenhuma diferença, volte a conversar comigo. Aí a gente checa o que está atrapalhando o seu crescimento. Aparentemente, você está no ritmo normal.

– Obrigado, doutor.

E lá foi Fábio, com sorriso no rosto e imaginando quantos centímetros seu pênis cresceria naquele ano. Será que a barba demoraria muito? E o peito, estaria bem cabeludo dali a doze meses?

pijama molhado

A felicidade suprema de Fábio durou cerca de uma semana. Logo depois de voltar da consulta médica, ele deixou de dar bola para a encheção habitual de Luís: "Pode me chamar de pivete, seu idiota. Meu amigo aqui vai ser muito maior do que o seu!".

Claro que ele só pensava isso, mas nem se atrevia a dizer em voz alta. Até que, numa madrugada, Fábio acordou com o barulho de Luís saindo do quarto e voltando com outro pijama. Ele sabia o que aquilo significava: o irmão tinha gozado mais uma vez enquanto dormia. Fábio nunca havia tido uma polução noturna. Ver o irmão trocando de pijama (de novo, porque acontecia com uma certa frequência) deu uma raiva enorme.

"Por que só eu não consigo?! Caramba, não é possível alguém demorar tanto para crescer! Tem que ter um remédio para acabar com essa demora!"

Foi só chegar o fim de semana para Fábio tomar uma decisão: ia encontrar alguma coisa na internet que acelerasse seu crescimento. Começou a busca. "Aumento+pênis". "Aumento+ejaculação". Claro que vieram milhares de páginas bizarras, daquelas que enchem a tela de *pop-ups* e estão prontas para infestar seu computador com vírus.

"Isso aqui mais parece aparelho de tortura. Se for para esticar o bilau, eu estico sozinho!"

E, para entrar na maioria das páginas, tinha que digitar o número do cartão de crédito.

"Até parece! Posso até ter cara de pirralho, mas não sou tonto."

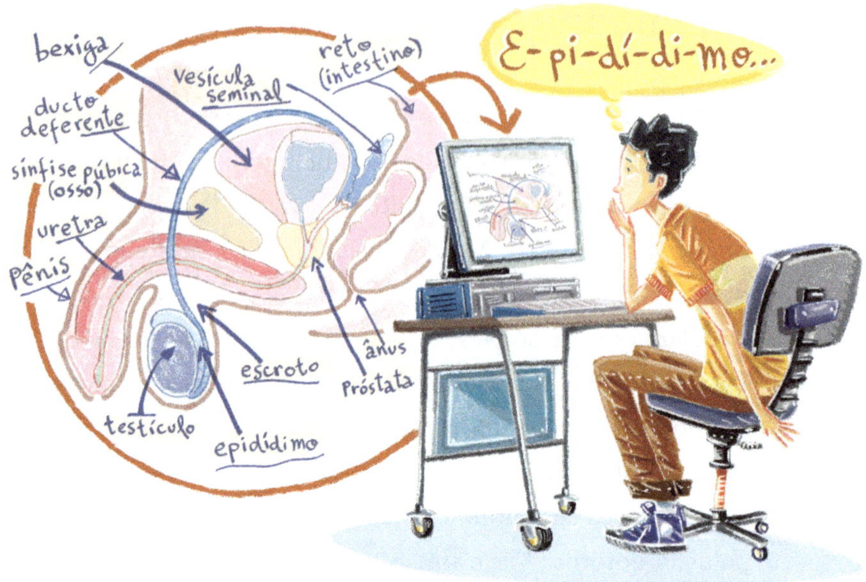

Fábio desistiu de entrar nos *sites* que traziam promessas milagrosas de aumento de pênis. Quando estava quase desencanando de navegar, achou um *site* que parecia mais convincente no meio daquele monte de bobagens. Em vez das tradicionais baixarias, o texto trazia termos mais técnicos: polução noturna, esperma, espermarca, epidídimo, canal deferente, uretra (*ver glossário*)... Algumas palavras pareciam familiares, mas tinha um batalhão de coisas que Fábio nem imaginava que existissem!

Um dos textos falava justamente sobre a primeira ejaculação: "Pode ocorrer durante a masturbação, involuntariamente, durante o sono, ou na troca de carícias com uma parceira".

Parecia que uma luzinha acendia na cabeça de Fábio.

"Se não acontece por bem, vai ter que ser por mal. O jeito é ficar com uma menina. Tem que ser bom, muito bom mesmo, para eu conseguir gozar. Aí não adianta mais esse paspalho vir dizer que eu sou bebezão!"

Não seria tão fácil assim. A ejaculação entra naquele pacotão do desenvolvimento – do mesmo jeito que as meninas têm a primeira menstruação, indicando que o corpo está sendo preparado para gerar um bebê, os meninos têm a espermarca, mostrando que já são capazes de engravidar uma mulher.

Tudo o que Fábio conseguiu com a sua busca na internet foi arranjar mais uma encanação. Se antes era a dificuldade em esperar o corpo crescer, agora ele estava obcecado com a ideia de encontrar uma menina que ficasse com ele. E tinha que ser bom. Bom não, excelente! Melhor, tinha que ser alucinante – tão alucinante que fizesse ele se sentir um homem crescido, capaz de gozar.

nunca chega!

Depois da aula, Fábio almoçou e foi direto para a casa da Carol. Ele nem estava com vontade de conversar muito, ainda mais se ela continuasse com aquele humor terrível. Mas qualquer coisa era melhor do que ficar com Luís atazanando sua vida. Ele não conseguia se livrar daquela deprê. Já fazia dois meses que o médico tinha falado que o seu corpo mudaria e, até agora, nada! Arranjar uma menina que ficasse alucinadamente com ele, menos ainda! Para piorar, os garotos do colégio tinham resolvido aloprar cada vez mais. Era impossível esquecer que ele era o fofo da classe!

Carol abriu a porta e os dois foram jogar *videogame*. O mau humor dela tinha dado lugar a uma incrível inspiração de jogadas! Carol arrasou com Fábio, bateu todos os recordes do jogo. De repente, parecia que os dois tinham trocado os papéis daquela manhã. Fábio, que já estava irritado, não aguentou a lavada e explodiu. Por que tudo tinha que sair errado?

– Aquele idiota do meu irmão! E os idiotas da escola! Dá vontade de mandar todo mundo passear! Que raiva! Que raiva! Que raiva!

Ele xingava sem parar. Nem respirava! Foi ficando cada vez mais vermelho, até brotar suor na sua testa.

– Só porque eu sou mais novo! Não é justo! Tem que ter um jeito de a minha barba começar a crescer logo! Não dá para ser magrelo assim! Eu tenho que crescer logo, não aguento mais! Não aguento mais! Só porque aqueles moleques têm um bigodinho e o sovaco peludo ficam achando que podem me aloprar! Chega!!!

Carol não entendeu nada. Ficou passada quando viu Fábio jogar o controle do *videogame* no chão e sair bufando, chutando tudo o que estivesse pela frente. Mas, como ela sabia que as pessoas são todas um pouco estranhas, nem deu muita bola. Ela queria mais era salvar a fase do jogo onde tinha parado...

Que engraçadas são as coisas. Se Fábio reclamava por parecer muito novo, a Carol já tinha passado por uma fase péssima três anos antes, quando havia ficado menstruada. Todas as meninas da sua classe pegavam no seu pé porque ela tinha peitos grandes. Viviam tirando sarro disso, sem contar os apelidos maldosos. Carol era deixada de lado nos grupinhos, e as garotas falavam que ela ficava se sentindo melhor que as outras porque já menstruava. Quanto engano!

Carol nem se sentia melhor que ninguém nem gostava de ter que usar sutiã. Odiava ter cólicas e ficar preocupada em saber se o absorvente estava marcando a calça ou se ele podia vazar.

Duas situações tão diferentes e tão próximas ao mesmo tempo. Carol sofria porque tinha crescido rápido demais. E

Fábio detestava o fato de demorar muito para crescer. Bem que a natureza poderia ser mais bacana e fazer todo mundo passar por essas mudanças ao mesmo tempo... Aí não teria zoeira com ninguém na classe: todos seriam pessoas meio esquisitas, no meio da mutação. Pena que não é assim. Acontece para cada um em tempos diferentes, e não há muito o que fazer.

A única solução para toda essa confusão é aquela proposta pela orientadora da escola: ter paciência. Mais cedo ou mais tarde, todo mundo passa por essas mudanças. Só vale a pena prestar atenção se lá pelos 16, 17 anos nada tiver ocorrido. Fábio não deveria voltar ao médico se nada acontecesse em 12 meses? Pois vale para todo mundo: uma menina que não tenha menstruado aos 16 anos ou um garoto de 17 que ainda não tenha nenhuma barbinha devem procurar um médico para checar se está tudo bem. O pediatra ou o endocrinologista podem avaliar como anda o desenvolvimento e se as mudanças estão ocorrendo no seu tempo. Um clínico geral, um ginecologista (no caso das meninas) ou um urologista (no caso dos meninos) também podem dar uma boa ajuda.

ou vem cedo demais...

Se a mãe de Fábio marcou uma consulta para que ele entendesse por que a puberdade estava demorando para dar o ar da graça, com Carol foi o contrário. Sua mãe levou-a ao ginecologista aos 11 anos, pouco tempo depois de ela ter a primeira menstruação.

– Não precisa, mãe. O que eu vou fazer lá?

– Agora você precisa adquirir esse hábito de visitar um ginecologista, filha. Toda mulher precisa se consultar uma vez por ano, para ver se anda tudo bem. Você aproveita agora e pergunta se tem alguma coisa para melhorar sua cólica. Não é você que está reclamando tanto?

– É, mal não vai fazer. Mas será que eu poderia ir numa médica em vez de ir no seu? Acho que seria mais fácil.

– Claro, como você achar melhor.

Alguns dias depois, Carol estava no consultório. Ela foi logo com a cara da ginecologista: era uma mulher arrumada, com jeito de descolada. Diferente do que ela imaginara, não tinha nada de assustador na sala – era basicamente uma espécie de cama com apoio para os pés e uma mesa com duas cadeiras, uma para a médica e outra para a paciente. A mãe de Carolina acompanhou-a até a sala de espera. Como a filha achou melhor entrar sozinha, assim foi.

– Então, você veio aqui por algum motivo em especial?

– Minha mãe que achou melhor me trazer. Ela disse que toda menina que menstrua precisa de um ginecologista.

– Certa está sua mãe. Faz tempo que você ficou menstruada?

– Uns seis meses.

– E você namora?

– Não!!!

De tão chocada com a pergunta feita na lata, sem rodeios, Carol ficou toda vermelha.

– Nem pensa em transar então?

– Não!

A essa altura, o rosto dela estava quase roxo. Mal sabia a médica que Carol ainda estava longe de dar o primeiro beijo naquela época. Continuou com uma série de perguntas: se o fluxo era muito forte, se Carol sentia mudanças no corpo logo antes de vir a menstruação, se tinha cólicas...

– Muito!

– Até o corpo se desenvolver completamente, é normal que as cólicas incomodem um pouco mais. Mas eu vou passar um analgésico que deve ajudar. Não se preocupe também se a menstruação não aparecer algumas vezes. É comum que, no começo, a menstruação "falhe". Ela pode vir um mês e ficar dois sem vir, por exemplo. Mas depois de uns dois anos isso deve ficar mais regular. Ah, deixa eu explicar como vai ser o exame: normalmente, quando a paciente não é mais virgem, eu coloco um separador na parede da vagina para poder examinar melhor. No seu caso, vou só colocar uma pazinha bem fininha para poder coletar um pouco de material e fazer os exames. Não dói nada. Dá uma olhada nesse quadro – e indicou uma figura que ficava embaixo do tampo de vidro da mesa. – Está vendo esse canal? É a vagina, que chega até a entrada do útero. É por aqui que acontece a penetração e é onde o homem deposita os espermatozoides. Essa pele fininha na entrada é o hímen. Ele tem uma abertura, por onde eu vou passar a pazinha. Essa parte que parece uma pera é o útero, onde o bebê se desenvolve quando a mulher está grávida.

Carol prestava atenção a cada detalhe. Ela achava aquelas formas muito estranhas e tentava imaginar como poderia ter tudo aquilo dentro da sua barriga.

– Esses dois tubos são as trompas, que vão dos ovários até o útero. Essas duas bolinhas são os ovários, onde estão os óvulos. Uma vez por mês, a mulher libera um óvulo, que passa pela trompa. Se ele encontrar um espermatozoide aí, a mulher fica grávida.

– E de onde vem a menstruação?

– Do útero. Essa parede vai engrossando para poder receber o embrião. Se a mulher não engravida, toda essa proteção sai na forma de menstruação.

Carolina foi para o exame muito mais tranquila do que esperava. Estava fascinada com tudo aquilo. A médica pegou um espelhinho e mostrou onde ficavam os lábios vaginais, a uretra, a entrada da vagina... Carol nem imaginava que seu corpo fosse tão bacana daquele jeito. Afinal, para os meninos era fácil olhar o que estava em volta.

– Na gente fica tudo tão escondido, né?

– Por isso que é mais fácil a mulher ter algum tipo de lesão genital e nem perceber. Entendeu agora por que sua mãe disse que tinha que visitar o ginecologista todo ano?

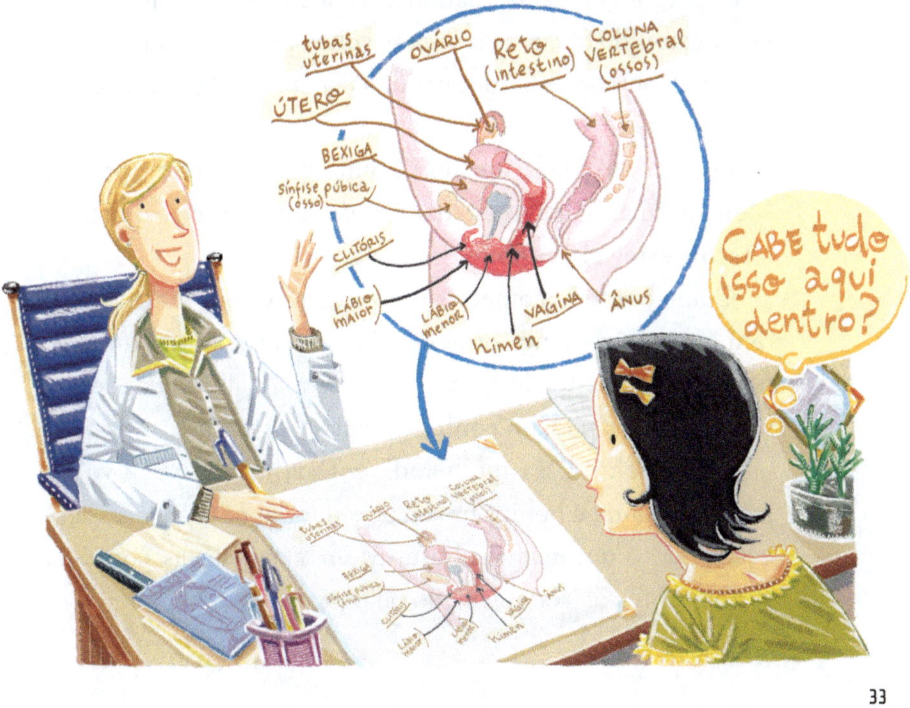

só pensa em namorar

Finalmente chegou sexta-feira! Melissa já estava contando as horas para começar a festa. Ela tinha combinado de dormir na casa da Carol – assim não precisaria se preocupar com o horário de voltar para casa. Fábio era outro que estava ansioso. Quem sabe rolava alguma coisa naquela noite? Ele precisava se livrar daquele estigma de fofinho da turma – e nada melhor para isso do que ficar com uma menina na frente de todo mundo.

As amigas ouviram o som ser ligado no salão de festas, mas resolveram enrolar mais um pouco antes de descer. Não queriam passar pela situação em que estava Fábio – foi só ouvir o equipamento soltar os primeiros ruídos que ele já entrou no elevador. Ao chegar ao térreo, percebeu que apenas a garota que estava dando a festa e o DJ estavam no salão. Restou disfarçar e dar umas voltas pelo jardim para não ter que ficar sozinho num canto à espera de alguém que ele conhecesse.

Quando já rolava um burburinho na entrada do prédio, Melissa e Carol decidiram dar o ar da graça. Parecia que toda a escola estava lá. A noite prometia.

Como em todo começo de festa, Luís e seus amigos ficaram estrategicamente posicionados na entrada do banheiro feminino. Essa região geralmente era mais iluminada, e assim os garotos podiam conferir melhor as garotas.

– Eu, hein? Essa mulherada engana muito. Você vê na pista, a maioria é bonitinha. Depois que vai para o claro, descobre que é um baita trubufu! Melhor mapear as possíveis vítimas antes de ser enganado pelo jogo de luz!

Aos poucos, o pessoal começou a dançar. A pista foi ficando bem animada. Melissa não conseguia passar uma música inteira sem falar de Luís para Carol.

– Você acha que ele está olhando para mim? Por que a gente não vai até lá? Você pega carona com ele todos os dias. Cadê aquele irmãozinho dele? De repente eles estão juntos, e a gente pode puxar papo.

Carol só respirava fundo e invocava seus anjos pedindo paciência para aguentar a amiga até o final da noite. Ela adorava Melissa, mas a sua fixação pelos garotos estava começando a encher. Carol queria mais era aproveitar a festa, dançar até sentir os joelhos quase desabarem e ir dormir exausta, com aquela sensação gostosa de diversão.

– Olha só, eles estão formando rodinha para o jogo da garrafa! Vamos! Vamos!

Melissa agarrou o braço da Carol e nem deu tempo para ela entender direito o que estava acontecendo. Arrastou-a para o canto do salão, onde algumas pessoas se arrumavam em roda. Fábio, que estava perdido pela festa, fingindo estar à vontade, quase suspirou de alívio quando viu a melhor amiga. Sem saber por que todo mundo estava sentando no chão, simplesmente repetiu o ato. Sentia-se seguro com Carol por perto. O desespero só bateu quando viu que o irmão também estava no grupo: era a certeza de que, mais cedo ou mais tarde, seria zoado.

Melissa pensou rápido e se posicionou na frente de Luís. Assim, as chances de a garrafa cair para os dois era maior. Um dos amigos de Luís chegou com a garrafa e colocou-a no meio da roda.

– Não vai ter meio-termo hoje. É verdade ou consequência. Sem essa de ficar tentando se safar! Quem ficar com o fundo da garrafa faz a pergunta. Quem ficar com o gargalo responde ou dá um beijo em quem fez a pergunta. E nada de selinho sem graça!

Começou a primeira rodada. O rapaz optou pelo beijo. Segunda rodada: beijo. Terceira rodada: beijo. Claro que todo mundo que entrava na brincadeira estava muito mais interessado em se descolar do que em responder a perguntas capciosas.

– Hahahahahaha! O pirralho e a amiguinha! Sabia que isso ia acontecer algum dia!

Quando Fábio e Carol se deram conta de que a garrafa estava voltada para eles, os dois gelaram!

"Caramba, não vou poder fazer uma pergunta boba e deixar o Fábio no papel de criança, que ele odeia."

"Ai, não! Vou ter que beijar justamente a Carol? E se ela não gostar? E se ela não quiser mais falar comigo? Mas também não posso ser o primeiro a responder e fugir do beijo."

– Fábio, o que o médico disse naquela consulta que fez você ficar tão feliz?

Fábio ficou roxo de vergonha. Ele não ia responder àquilo nem morto!

– Beija! Beija! Beija!

– Para de enrolar, ornitorrinco!

E lá foi Fábio. Se era inevitável, melhor que fosse com a Carol. Ela pensava o mesmo: algum dia teria que beijar. Pelo menos que fosse com seu melhor amigo.

Nenhum dos dois achou muita graça na coisa. Mas ambos sentiram um tremendo conforto quando acabou. Como se tivessem tirado um elefante das costas. Acabava a época de B.V.!

Mais três rodadas, e era a vez de Melissa sentir-se no céu. Ela estava rezando baixinho desde o começo da brincadeira para a garrafa dar-lhe de presente um beijo de Luís. Até que veio.

– Estava demorando. O Luís estava muito poupado!

– Vamos lá. Qual o número máximo de pessoas que você já ficou numa noite?

Melissa nem ouviu a pergunta. Já partiu para o beijo. Por alguns segundos, teve certeza de que o paraíso existia...

VALE PARA VOCÊ TAMBÉM

MAS O QUE É A PUBERDADE, AFINAL DE CONTAS?

A puberdade é o conjunto de mudanças que transforma o corpo de criança no corpo de adulto.

O QUE MUDA?

É na puberdade que as pessoas dão o estirão e ganham alguns centímetros de altura em poucos meses. Nas meninas, isso ocorre antes da primeira menstruação – depois disso, a garota cresce muito pouco, até atingir sua altura adulta, por volta dos 18 anos. É nessa fase também que os hormônios sexuais começam a agir, preparando o corpo para gerar bebês no futuro. As garotas percebem que seus seios crescem, a cintura afina, o quadril alarga, e elas começam a menstruar. Os rapazes veem seu pênis e os testículos crescendo e ganham músculos. A barba e o bigode aparecem, e os garotos começam a ejacular. Nos dois casos, aparecem os pelos púbicos, e a oleosidade da pele pode aumentar. Aliás, é justamente o excesso de oleosidade que causa uma inflamação na pele que tanto atazana a galera – as famosas espinhas!

QUAL A IDADE CERTA DE ENTRAR NA PUBERDADE?

Não dá para definir quando essas mudanças vão acontecer. Normalmente, é entre 10 e 13 anos, e as meninas costumam entrar na puberdade antes dos meninos. O tempo varia de pessoa para pessoa, e tem muito a ver com a sua herança genética – ou seja, com o que você herdou dos seus pais.

TEM COMO FAZER ESSA FASE CHEGAR MAIS RÁPIDO?

Não. O nosso organismo tem um ritmo próprio, e acelerar esse processo pode trazer consequências bem complicadas. Não adianta acreditar em anúncios de fórmulas milagrosas que aumentam os seios ou o pênis ou prometem mais virilidade. Na maioria esmagadora das vezes, isso não passa de enganação. Além de não atingir seu objetivo, você pode acabar prejudicando sua saúde com essas “poções mágicas”. Se você acha que está demorando demais para entrar na puberdade, o melhor a fazer é procurar um médico, que vai avaliar como anda o seu desenvolvimento. Se alguma coisa estiver fora de ordem, ele pode indicar o tratamento mais adequado para que seu corpo retome o eixo.

SÓ O CORPO MUDA?

Não. A puberdade representa as mudanças físicas, mas o nosso lado emocional também passa por um turbilhão de alterações – é a chamada adolescência. Nesse período, nossos interesses mudam muito – é quando o pessoal começa a se ligar em beijos, ficadas e namoros. Mas, vale lembrar, cada um tem seu ritmo, que precisa ser respeitado. Não é só porque todo mundo da escola já beijou na boca que você precisa beijar também, com medo de ser tachado de “careta”. Ficar com alguém deve ser uma escolha, e não uma imposição do grupo.

agora é a hora?

sentimentos embaralhados

O paraíso particular de Melissa durou mais do que um beijo no meio da brincadeira. Ela e Luís ficaram juntos pelo resto da festa. E no dia seguinte também. E na segunda-feira, na saída da escola. Quando ela se deu conta, já fazia uma semana que estava pisando em nuvens. Melissa mal podia acreditar que estava de rolo (depois de uma semana, ela achava que já dava para considerar as ficadas um rolo) com o cara mais popular do colégio. Era a primeira vez que ela tinha uma relação mais duradora com um ficante.

Luís também estava empolgado com a história. Melissa era bonitinha e, por ser mais nova, parecia que babava ainda mais por ele. Os dois se sentiam muito bem desfilando pela escola, como se estivessem mostrando o prêmio que haviam conquistado.

Paraíso para uns, inferno para outros. Claro que Melissa acabou deixando Carol de lado. Nos intervalos e na saída da escola, só queria saber de Luís. Quando conversava com Carol na aula, era para falar sobre ele. Ela já nem entrava mais na internet para papear com a amiga: era como se estivesse muito afundada na novidade e não conseguisse perceber que estava descuidando de outra parte de sua vida.

Carol tentava não ligar muito. Sabia que Melissa era assim mesmo. Achava até melhor que a deixasse em paz – ela não aguentava mais ouvir um pio sobre Luís. Em vez de se preocupar com Melissa, Carol estava tentando ficar na boa com Fábio. Nenhum dos dois se atrevia a falar sobre o que tinha acontecido, mas estava na cara que o clima tinha ficado estranho depois da festa. Eles nem queriam ficar de novo,

mas era esquisito fingir que não tinha rolado nada. Só que nem Carol nem Fábio sabiam ao certo como se sentiam a respeito daquilo tudo. Era confuso ter que aprender a lidar com tantos sentimentos novos. Parecia que tudo mudava muito rápido, sem que houvesse um manual de instruções que ensinasse como agir em cada situação.

Até Melissa, que estava tão contente, se via com a cabeça um pouco bagunçada. Ela não tinha certeza se aquilo era um namoro, até onde ela deveria avançar com Luís, se era melhor não se apaixonar.

“Ele é incrível, mas e se só estiver aproveitando porque eu estou a fim? Será que ele vai encarar um namoro de verdade? Se eu der na cara que estou curtindo ficar com ele, será que ele vai me achar atirada? Ai, eu nunca fiquei com alguém tão lindo… Não posso deixar escapar.”

Luís estava deixando a coisa rolar, mas tinha medo de que Melissa percebesse que ele era virgem.

“Ainda bem que ela é nova e nunca deve ter transado. Assim fica mais difícil perceber. Será que ela está esperando que eu tente alguma coisa mais séria? E se ela achar que sou lento demais? Já vi a Melissa ficando com um monte de caras. E se ela estiver espalhando por aí que eu não tomo uma atitude?"

Se era difícil para cada um deles se entender com os próprios pensamentos, conversar um com o outro para tentar deixar tudo claro era uma missão praticamente impossível. Cada um ficava no seu canto, com suas inseguranças, tentando imaginar o que o outro estaria pensando. Carol foi a primeira a virar a mesa e tomar uma iniciativa. Estava assistindo a um filme com Fábio à tarde – os dois duros, afastados, olhando reto em direção à TV para evitar o olhar do outro.

– Fábio, será que a gente vai conseguir voltar a ser amigo de novo?

– Como assim, a gente não é mais amigo?

– A gente é, mas será que aquela besteira vai ficar atrapalhando tudo? Quer dizer, desculpa, não é que eu tenha odiado, mas não tem nada a ver a gente ficar junto, né?

– Por que, você estava pensando em ficar de novo?

– Fábio, você é meu melhor amigo. Ultimamente, tem sido meu único amigo. Eu não queria estragar isso.

– Tá bom.

– Sabia que você ia ficar chateado, desculpa.

– Não fiquei chateado. Tudo bem, Carol, de verdade. Eu achei que você tivesse ficado brava comigo porque eu resolvi aceitar penitência em vez de responder.

– Claro que não! Eu achava que você estava bravo comigo!

– Eu agarro e fico bravo? Sou estranho, mas não tanto, né?

– Sabia que era melhor ter dado um safanão em você, seu folgado!

Parecia mágica, mas agora os dois conseguiam se olhar e dar risada.

não dá pelo na mão!

Fábio estava contente por acertar as contas com Carol, mas também se sentia muito frustrado. Seu primeiro beijo não tinha sido nada parecido com o que tinha imaginado. Ele achava que beijar deveria ser uma experiência incrível, que levasse as pessoas à beira da loucura. Não tinha sido nada disso: ele se sentira superpressionado a não fazer nada errado na frente dos outros, com medo de ser ridicularizado. Em vez de ser com uma menina que o deixasse apaixonado, foi com a melhor amiga, a última pessoa com quem pensaria em namorar.

Agora já não poderiam mais zoá-lo por ser B.V., mas ele continuava sem saber como era ficar "de verdade" com uma menina: sentir aquele friozinho na barriga no instante imediatamente antes do primeiro beijo, empolgar-se com os amassos, descobrir como era ganhar um abraço de uma menina e estar com alguém que o considerasse mais que um amigo.

Também para Carol o beijo não tinha despertado nada próximo de um orgasmo, como ele imaginava que seria. Esse era um assunto que não o deixava em paz. Queria a qualquer custo saber como era ejacular (e se conseguiria acabar com a encanação que Luís tinha metido na sua cabeça). Ele até sentia desejo por algumas meninas, sonhava com outras que achava lindas, mas nada perto do que os filmes e as novelas mostram – aqueles caras alucinados pelas garotas!

"Se todo mundo fala em sentir tesão, gozar, transar, tem que ser bom! Será que sou eu que não consigo fazer tudo isso? Tenho que conseguir gozar!"

Fábio estava decidido: ele não tinha como fazer a barba crescer, mas teria uma ejaculação de qualquer jeito! Ele sabia que seus amigos se masturbavam (todos ficavam contando vantagem sobre isso no vestiário, como se fosse um campeonato de quem se masturbava mais), mas ele nunca tinha tentado. Havia o medo de se machucar, de alguém pegá-lo no flagra, de dar na cara com todos os sinais que falam que aparecem depois (pelo que nasce na mão, espinhas que brotam incontrolavelmente, peitos que crescem como os das meninas...). Mas não aguentava mais: tinha que tentar.

Esperou uma tarde em que seu irmão estava na casa da Melissa, e seus pais ainda não tinham voltado do trabalho. Pegou algumas revistas que Luís escondia no armário e trancou a porta do quarto. Ele nunca tinha se atrevido a abrir as revistas – sabia que Luís o estrangularia se descobrisse –, apesar de sempre ter morrido de curiosidade.

Aquele monte de mulheres sem roupa surtiu efeito. Foi como se um conector tivesse sido ligado dentro dele, acordando uma sensação que estava escondida, pronta para ser descoberta. A reação não tinha nada de calculado, era um sentimento totalmente espontâneo. As formas, caras e bocas das modelos fascinaram Fábio.

"Eu não acredito que perdi tudo isso por tanto tempo! Elas aí, fechadinhas no armário, e o tontão aqui com medo de olhar! Fiquem tranquilas, não vou mais deixar vocês abandonadas com aquele idiota do meu irmão!"

Fábio começou a se acariciar e não se importava se estava certo ou errado. Estava achando aquilo muito gostoso, ainda mais porque não tinha nenhuma pessoa olhando, e ele não tinha que impressionar ninguém. Queria aproveitar tudo o que podia naquele momento. Mas a paranoia insistia em voltar. Ele escutou alguns barulhos na entrada de casa. Ficou aterrorizado.

"Caramba, como vou explicar para minha mãe? Se for o Luís, pior ainda!!!"

O coração parecia que ia sair pela boca. Ele jogou uma revista embaixo do colchão e colocou as outras de volta no armário. Abriu a porta devagarzinho e espiou por uma fresta. Aparentemente, não tinha ninguém – e ele pôde voltar para suas novas amigas.

Continuou olhando as fotos enquanto se tocava, descobrindo que seu corpo poderia fazê-lo experimentar sensações muito melhores do que imaginava. O telefone começou a tocar, mas ele não conseguia pensar em outra coisa que não fossem as mulheres nas revistas. Desencanou de atender. A vontade de continuar era maior e crescia a cada segundo. Até que chegou no auge, como se o corpo inteiro estivesse em sincronia e não existisse nada além dele. Fábio sentiu uma espécie de alívio, como se fosse a calmaria depois de um terremoto.

"Como eu nunca tinha experimentado isso? Não é à toa que os moleques só falam disso! Imagine com uma mulher de carne e osso! Eu preciso ficar com uma menina de verdade!"

Fábio estava quase em transe. Até lembrar que deveria ter ejaculado. Olhou em volta, nas mãos, na cueca, em cima da cama... Mas não! Definitivamente, não tinha saído nada de seu pênis. Em vez de se sentir derrotado, Fábio quase ficou feliz.

"Sem problema, meninas. Amanhã tentamos de novo."

puxe o freio

Fábio estava quase deslumbrado com as novas possibilidades que seu corpo passou a oferecer. Deixou de se sentir inferiorizado e começou a se olhar de modo diferente. Estava aprendendo a gostar de si mesmo – como se fosse um começo de namoro, em que as pessoas vão descobrindo seu par aos poucos. Só que, no caso de Fábio, o namoro era com ele mesmo.

Melissa e Luís também estavam na fase de se descobrir – um ao outro e cada um a si mesmo. O envolvimento entre eles estava se aprofundando a cada dia – as ficadas viraram um rolo de um mês, que foi oficializado como namoro. Luís nunca tinha namorado, nem Melissa. Era a primeira vez que os dois estavam gostando de alguém e não só curtindo uma ficada descompromissada.

Era muito mais bacana estar com uma pessoa com quem eles se importavam – eles se sentiam mais à vontade e dava uma alegria inexplicável quando conseguiam ficar juntos. Os beijos eram mais emocionantes e, ao mesmo tempo, mais carinhosos. Não era só uma coisa de "pele". Por mais piegas que parecesse, Luís percebia que aos poucos Melissa o estava conquistando com seu jeito espevitado. E ela se surpreendia com o tanto de conforto que Luís lhe proporcionava. Com os outros caras eram sempre histórias rápidas, ficar por ficar. Com Luís, ela percebia que tinha que prestar mais atenção ao seu jeito, pois às vezes uma frase dita de um modo estranho poderia magoá-lo. E, pela primeira vez, ela se preocupava em não magoar um menino.

O inverso também era verdadeiro. Luís estava acostumado a ficar com um monte de garotas só para contar vantagem entre seus amigos. Agora, ele estava até estranhando suas reações: ficava encanado quando Melissa não lhe telefonava e sentia falta quando não podia passar muito tempo com ela. Antes, ele se enchia quando as meninas vinham procurá-lo depois da ficada – o que ele queria era distância delas e não entendia por que elas insistiam em tentar algo a mais. Pela primeira vez, se sentia na posição contrária: ele queria ir muito além com Melissa.

Essa paixonite foi crescendo como um vício. Eles não conseguiam se desgrudar, não queriam saber de assuntos que não envolvessem o outro, os passeios e as festas perdiam toda a graça se o namorado não estivesse lá. Quanto mais se conheciam, mais tempo queriam passar juntos.

A intimidade física foi acompanhando essa proximidade emocional. Os amassos foram avançando, chegando a pontos que nenhum dos dois tinha experimentado antes. Eles imaginavam que era apenas uma questão de tempo para transarem pela primeira vez. Isso os deixava contentes, mas também um pouco assustados. Luís tinha medo de não saber o que fazer na hora H, de se atrapalhar todo e acabar pagando mico. Melissa estava completamente apaixonada e curtia muito estar com ele, mas ainda não estava segura se tinha chegado a hora certa. Por mais que ela tivesse ficado com um montão de garotos, queria que a primeira vez fosse bem especial e não apenas uma coisa feita por impulso.

Era justamente isso que passava por sua cabeça num fim de semana em que estava no seu quarto com Luís. O clima tinha esquentado entre eles. Era óbvio que os dois estavam empolgados e aproveitando os beijos, abraços e carinhos. Luís começou a tirar a blusa da namorada e, de um instante para outro, ela mudou completamente. Sem saber muito bem o porquê, aquilo a incomodou. Era uma mistura de medo, insegurança, vergonha, indecisão... Tudo que ia às mil maravilhas naufragou num centésimo de segundo.

– Melhor a gente parar, Luís. Meus pais estão na sala, vai que alguém entra.

– Mas eu achei que você estava gostando... Só mais um pouquinho, vai?

– Melhor não. Depois eles não deixam mais a gente ficar no quarto. Você prefere ter que ficar na sala vendo jogo de futebol com meu pai? Eu não!

Emburrado, Luís desviou o olhar. Foi até a janela ver o que estava acontecendo lá fora. Ele se sentia péssimo. Não queria chatear Melissa, mas precisava cortar o clima desse jeito? Ela se levantou e foi até o espelho arrumar a cabeleira despenteada. A desculpa eram seus pais, mas na verdade era ela quem não queria continuar. Mas não ia assumir isso nem morta. E se Luís desistisse dela?

– Vamos comer alguma coisa?

– Acho melhor eu ir para minha casa.

Pela primeira vez desde que tinham começado a namorar, eles não se falaram pelo telefone antes de dormir.

ressaca

Foi a primeira vez que Melissa percebeu que estava viciada no seu namoro. E, como em todo vício, ela esqueceu que tinha outras partes importantes na sua vida que precisavam de atenção. Foi necessário ter o desentendimento com Luís para que ela caísse na real e se desse conta de que tinha se afastado muito de suas amigas. Agora, num domingo à noite, triste e chateada, ela não sabia a quem pedir ajuda.

Sua relação com Carol estava muito distante. Elas não passavam mais tanto tempo juntas, já que, na maioria das vezes, Melissa estava grudada no Luís. Carol não se abalou muito. Em vez disso, fez novas amizades na escola e encontrou uma turma que tinha mais a ver com ela. Um pessoal mais desencanado, que não se preocupava tanto em estar sempre arrumado e em ficar contando vantagem sobre quantas pessoas já tinham beijado. Não que fosse um monte de caretas chatos: pelo contrário, era um pessoal que gostava de sair, mas sem ter que ficar se exibindo por aí.

Segunda-feira de manhã, em vez de correr até o pátio para procurar Luís, Melissa entrou direto na sala. Ele tampouco foi procurá-la. Eles não sabiam exatamente por que estavam "brigados", mas os dois tinham certeza de que o clima estava pesado. Assim que Carol entrou na classe, Melissa foi puxar assunto.

– Você está deixando o cabelo crescer, Carol?

– Não tinha pensado nisso. Acho que faz tempo mesmo que não corto. Por quê?

– Nada, acho que está mais bonito assim. E aí, saiu no fim de semana?

– Fui numa *lan-house* bem bacana.

– Ah... Legal. Com quem você foi?

– Com um pessoal da outra classe e uns meninos do nono ano. Acho que você não conhece. E você, saiu?

– Não, fiquei em casa com Luís.

– Novidade! Agora você faz alguma coisa sem ele?

– Ai, Carol, que horror! Não é assim!

– Claro que é! Você vai na casa dele, que fica no meu prédio, e nem vem falar comigo.

– Desculpa, eu estou meio relaxada com você, né?

– Bota relaxada nisso!

– Ai, Carol, desculpa. É que eu estou muito apaixonada e nem percebo que estou pisando na bola. E agora que a gente não está muito bem...

– Como assim? Sexta-feira vocês estavam quase se engolindo lá no pátio!

– Ontem rolou um estresse em casa.

– Por quê?

– Não sei muito bem. Ele ficou de mau humor de repente, foi embora sem falar direito comigo.

– Eu disse que o cara era um mala sem alça!

– Ele não é mala, Carol! É que eu acho que ele quer avançar o sinal, e eu ainda não tenho certeza.

– Avançar o sinal como? Você está transando com ele?

– Não, Carol! Mas eu acho que ele está pensando nisso.

– Ué, se você não quer, fala para ele!

– E se ele terminar comigo por isso?

– Deixa de ser tonta, né, Melissa? Você vai transar só para o cara continuar com você? Se ele pedir para você tomar veneno, você toma?

– Não tem nada a ver, Carol!

Transar ou
Não Transar, tr
ou não transar,
Transar ou não tr
Transar ou
transar

– Sei que você vai ficar brava com o que eu vou dizer, mas é para o seu bem: você tem que parar de fazer só o que os outros esperam que você faça e começar a fazer o que você realmente tem vontade. Não adianta agir só para agradar os outros ou só para fazer pressão. Depois, você vai olhar para trás e perceber que não fez nada por você mesma!

– Carol, hoje você quer me arrasar, hein?

Melissa estava com o choro entalado na garganta. Por sorte, o professor entrou na sala, e ela cortou o assunto com Carolina. No fundo, ela sabia que a amiga tinha um pouco de razão. Ela não tinha nem conseguido conversar direito com Luís e mostrar que não estava à vontade com tanta intimidade...

"Mas e se ele ficar chateado? E se achar que eu não confio nele? Ele vai achar que eu não gosto dele o suficiente. Mas eu gosto!"

Do outro lado da escola, Luís continuava emburrado.

"Era minha chance de transar! Mas é sacanagem forçar a barra com ela. Só que, se ela não quiser transar, vou ter que arranjar outra... Não posso continuar virgem por muito tempo! E se a Melissa for daquelas que querem casar virgens? Daqui a pouco os caras vão começar a perguntar... Ah, que se dane! A menina é gente fina, não posso ficar forçando... Putz, não acredito que euzinho estou pensando isso! Agora só falta os caras me zoarem porque estou apaixonado... Estou apaixonado?!"

chegou a hora?

No final da aula, Melissa e Luís se encontraram. Sabiam que tinha alguma coisa errada, mas os dois resolveram passar por cima e fingir que não tinha acontecido nada. No começo, ainda estavam um pouco distantes, mas bastaram uns dois dias para voltarem à paixonite aguda de antes.

Duas semanas depois, Melissa viu-se de novo no meio de um amasso daqueles. Eles estavam na casa dele numa sexta-feira à tarde. Os dois estavam sozinhos na sala, e foram se empolgando. Quando ela percebeu, a mão de Luís estava debaixo da sua blusa mais uma vez. Ela gostava da sensação, mas ainda não tinha certeza se estava na hora de partir para o finalmente. Nenhuma de suas amigas tinha transado, e ela estava afundada em medos.

"E se ele desencanar de mim depois? E se for horrível e doer um monte? E se sangrar como todo mundo diz? E se eu engravidar?"

Ao mesmo tempo que ela sentia vontade de seguir em frente, as perguntas e os receios não saíam da sua cabeça.

Na verdade, ela não sabia direito o que estava acontecendo. Será que o Luís estava mesmo pensando em transar? Eles nem tinham falado sobre o assunto! De repente, deu um clique em Melissa.

"É isso! Eu vou falar com ele primeiro! Mas como vou começar essa conversa? E se ele não estiver pensando em nada disso? Ele vai me achar uma apressada? Socorro!!!"

A paranoia cresceu tanto que Melissa não conseguiu continuar o beijo. Foi um quebra-clima máximo! Ela ainda tentou disfarçar, afastou-se de Luís, mas não deu. Teve que começar a conversa inevitável:

– Luís, a gente vai transar?

– Já faz quase três meses que a gente está junto, né?

Ele falou como se fosse a coisa mais óbvia do universo. Melissa ficou mais assustada ainda, mas não quis que isso transparecesse. Respirou fundo e olhou firme para o namorado, com pose de mulher segura do que estava dizendo.

– Bom, então a gente tem que planejar direito. Como todo mundo diz que dói, tem que ser num dia em que eu não tenha educação física depois. Senão, como eu vou correr na aula? E a gente precisa arranjar um lençol que possa jogar fora. Como vou explicar para minha mãe que tem sangue no lençol se eu não estiver menstruada? Quer dizer, se a gente for fazer na minha casa. Porque pode ser aqui também. E tem que comprar camisinha. Essa parte fica com você. Eu posso tomar pílula, mas tenho que dar um jeito de arrumar grana para comprar. Seria bom também...

Luís já não conseguia mais prestar atenção. Melissa tinha desandado a falar, deixando a coisa muito mais complicada do que ele imaginava que seria. Por que tantos detalhes? Parecia que estava planejando o orçamento de uma empresa!

Ela segurava as mãos bem forte para não mostrar que estava tremendo. Mesmo falando tanto, só conseguia pensar em uma coisa: "Vai ser horrível, vai ser horrível, vai ser horrível...".

Melissa tinha muito medo de sentir mais dor do que prazer. Ela tinha tentado colocar um absorvente interno uma vez e havia sido um desespero... Imagina transar de verdade!

e a hora dele?

Luís não sabia o que responder. Ele ficou atônito na frente de Melissa, como se estivesse soterrado debaixo de tanto blá-blá-blá da namorada (ele já nem escutava mais o que ela dizia). Uma parte dele estava feliz porque finalmente ia acontecer: chega de ser o último virgem da turma! Quer dizer, sempre tem alguém na escola que demora mais. Mas, entre os amigos próximos, só faltava ele.

Isso Melissa não sabia. Não que ele tivesse inventado um monte de histórias com transas incríveis para ela, mas tampouco dissera que era sua primeira vez também.

"Meu Deus, ela vai descobrir! Até hoje só vi mulheres peladas em revista, não sei nem por onde começar. Eu não vou conseguir acertar. Caramba, e se eu brochar? AAAHHHH!!!"

Luís foi ficando pálido. Para sua sorte, Melissa estava preocupada demais consigo mesma para perceber que ele estava a ponto de ter um colapso nervoso.

"Tudo bem, todo mundo diz que na hora é só se empolgar e mandar ver. Ele não vai me deixar na mão. Ele não pode me deixar na mão. Seu maldito, você não se atreva a me deixar na mão!"

– Lu? Luís, você está ouvindo?

Aterrissando de volta na Terra...

– Oi, claro, Mê.

– Então, neste fim de semana ou no outro?

– Neste fim de semana o quê?

– Que a gente vai transar.

– Não, lógico... Ah, deixa eu ver se meus pais vão mesmo visitar meus avós no interior. Eu dou um jeito de despachar o Fábio, e aí a gente vê.

– Tudo bem. Bom, e agora?

– Agora normal. O que você quer fazer?

– Ah, sei lá.

– Quer chamar a Carolina para ver um filme? ("Por favor, aceite, aceite!")

– Pode ser. ("Ainda bem, chega dessa conversa!")

Enquanto Melissa ligava para a Carol, Luís se enfiou no banheiro.

"E se ela contar para todo mundo que eu brochei? Eu vou ser o cara mais zoado da escola. Isso não pode acontecer! Não vai acontecer. A menina é uma baita gata, eu não vou falhar. Ai, e se for rápido demais? É isso! Se eu não brochar, vai ser muito rápido. Não tem escapatória. Vou ter que terminar o namoro. Pronto, resolvido. Mas aí vou continuar sendo o último virgem do mundo. Não, melhor ser rápido mesmo. Já resolvo isso de uma vez."

Rápido ou não, os dois estavam ultramegassuperaflitos. E mostrando para o outro a maior panca de quem está no controle total. Se eles conseguissem ler os pensamentos um do outro...

preparar, apontar...

Durante a semana, Luís e Melissa só conseguiam pensar no sábado que estava chegando. Já estava tudo acertado: os pais dele viajariam, e Melissa tinha combinado que Carol tiraria Fábio de circulação por algumas horas.

– Você tem certeza de que quer transar com ele?

– Certeza absoluta, Carol. Nunca gostei de alguém como gosto dele. Eu sei que você não é muito chegada no Luís, mas é porque você não conhece ele direito. O Luís é o cara mais bacana que eu conheço. Por favor, me ajuda, vai?

– Tudo bem. O pessoal está combinando de ir numa discoteca nova no sábado. Eu convenço o Fábio a vir junto. Mas você presta atenção no que vai fazer, hein?

– Obrigada, obrigada, obrigada, Carol!

– Não precisa agradecer tanto. É só pensar bem no que vai fazer. Depois não adianta vir choramingando arrependida!

– Que horror, Carol! Não vou me arrepender não!!!

Luís comprou algumas camisinhas e ficou treinando sozinho. Estava morrendo de medo de se atrapalhar quando fosse para valer. Suas revistas, que supostamente estavam esquecidas havia um tempo no armário, serviram de inspiração.

"Que esquisito, tinha certeza de que estava tudo na ordem de meses... Será que minha mãe descobriu? Se ela viu alguma coisa, já era. Pelo menos se tocou e não veio falar nada. Vamos lá, garotas, porque só o que me falta é não conseguir colocar a camisinha quando estiver com a Melissa."

Luís nunca tinha tentado usar uma camisinha. Na primeira vez, foi um desastre: desenrolou-a pelo avesso e, depois de puxar com muita força, acabou rasgando-a.

"Nada de desespero. Está tudo sob controle. Vamos lá, Sra. Pôster de Maio."

Da segunda vez ele conseguiu colocar tudo direitinho. Achou o lubrificante um pouco melequento, mas foi só se acostumar. Depois, resolveu experimentar a camisinha com textura, a com borracha mais fina, a feita sob medida para adolescentes... No fim da semana, já conseguia abrir a embalagem e colocar o preservativo de olhos fechados (literalmente, porque até essa técnica ele tinha treinado!).

Sábado no final da tarde Melissa apareceu. Foi esquisitíssimo:

– Você já está sozinho?

– A-hã. Meus pais foram de manhã e ligaram dizendo que já chegaram. O Fábio saiu agora há pouco com a Carolina.

– Hummm...

Um silêncio constrangedor tomou conta da sala.

– Você quer comer alguma coisa?

– Não, almocei faz pouco tempo.

Semana de TRABALHO Duro, espero...
Pra nós também...
ESTOQUE de CAMISINHA

O silêncio continuava crescendo. Melissa começou a olhar desesperada em sua volta, buscando algum assunto.

– Você pegou esse filme? Falam que é bacana, né?

– Foi o Fábio que pegou. Não sei se é bom.

"Por favor, que venha uma luz na minha cabeça! O que eu faço com essa menina?"

"Pronto, ele desistiu. E eu de roupa nova, com perfume..."

"Tenho que dar um jeito de levar ela até meu quarto."

"Por que ele não me leva para o quarto logo?"

– Cadê aquele CD que você comprou?

– Lá no meu quarto, quer ouvir?

"Truco! Eu sou uma gênia!"

"Ufa, finalmente!"

ajustes

Luís pegou o CD e colocou no aparelho de som.

– Essa é a música de que eu mais gosto.

– Não é essa que tem aquele clipe que os caras saltam num cânion?

– Não, essa é a terceira faixa. Tem o clipe no CD. Deixa eu colocar no computador.

Os dois continuaram a conversa e, por algum tempo, esqueceram a pressão do porquê de estarem lá. Quando acabou o clipe, entraram no *site* da banda. E no *blog*. Depois resolveram ver se tinha alguém no *messenger*... Lá pelas 19h30 resolveram comer. Foram fazer brigadeiro.

Foi só quando viu que Melissa estava com bigode de chocolate que Luís percebeu que o clima certo tinha pintado.

Com a desculpa de limpar seu rosto, deu um beijão na namorada. Como uma coisa leva à outra...

Por incrível que pareça, dessa vez os dois estavam mais tranquilos. Como já tinham conversado e sabiam o que realmente aconteceria, conseguiram aproveitar mais o momento. Sem desespero para terminar tudo logo, curtiram beijos, abraços, carinhos... Até começarem a tirar a roupa. Melissa nunca tinha visto um homem sem roupa. E todas as peladas que Luís conhecia estavam empilhadas no armário, longe de serem mulheres "reais".

Bateu uma vergonha horrível. E, ao mesmo tempo, uma curiosidade incontrolável para saber mais como era o outro. Foi nessa "misturança" de sensações que eles continuaram até quando deu. Tudo ia muito bem – as camisinhas estavam estrategicamente guardadas, as cortinas estavam fechadas, o telefone fora do gancho... Luís conseguiu abrir a embalagem de primeira. Mas quando parou o beijo para colocar a camisinha...

"E agora, para onde olho? Será que deveria ajudar o Luís?"

"Por favor, vamos lá! Isso não é hora de a borracha enroscar. Respira fundo! Nã-nã-nã-nã! Amiguinho, pode parar de pensar nisso. Agora não dá para dormir! Ai, não, não acredito! Ah não! NÃÃÃÃOOOOOO!!!"

O maior pesadelo de Luís estava acontecendo. Era tanto medo de não errar que seu corpo acabou por sabotá-lo.

Melissa demorou um tempo para entender o que estava acontecendo. Por um milagre, ela teve presença de espírito e, em vez de falar sobre aquela situação constrangedora, resolveu fazer uma massagem no namorado. Era o modo que ela tinha encontrado para dizer que estava tudo bem. Mas não adiantou. Luís se sentia arrasado. Era tudo o que ele mais tinha medo que acontecesse. E aconteceu.

Depois de uns 15 minutos, eles resolveram se vestir – Fábio já estava para chegar. Melissa foi embora frustrada por não saber o que dizer ao namorado e sem ter conseguido mostrar pra ele que não tinha problema nenhum. Luís ficou com seus fantasmas, morrendo de vergonha.

diferenças

Carol e Fábio estavam se divertindo muito naquele sábado. A discoteca era muito bacana, com vários jogos de luzes legais, e a música era ótima. Sem contar a companhia: o pessoal era muito animado. Era um grupo que deixava todo mundo bastante à vontade, sem aquele joguinho de ficar fazendo pressão.

Os dois estavam superfelizes, pois se sentiam totalmente enturmados. Não precisavam fingir interesse nas conversas: eles realmente achavam graça nos assuntos. Dançaram muito e deram várias gargalhadas, imaginando que aquilo poderia se repetir todos os fins de semana.

Quando a balada estava no auge, Carol viu duas de suas novas amigas trocando um selinho. Ela não conseguiu disfarçar – sabia que era moda as meninas se darem beijinhos, mas nunca tinha visto acontecer de verdade. Quando uma das garotas percebeu o espanto de Carol, veio conversar com ela:

– Que foi: chocou, Carol?

– Mais ou menos. Eu nunca beijei nenhuma amiga minha.

– Não tem nada demais. É só um selinho! Você não dá beijo no rosto de todo mundo? O que tem dar um selinho numa amiga?

– Verdade...

– Olha como não tem nada demais.

Quando Carol percebeu, a garota já tinha lhe dado um beijo. Foi muito rápido, como um beijo de "oi".

– Viu? É só um beijo de amiga.

– ... É...

No fundo, Carol se sentia mais à vontade com esse selinho do que com o beijão que tinha dado em Fábio. Tentou continuar agindo normalmente com a garota, mas no fundo isso tinha despertado uma caraminhola na sua cabeça.

"E se eu for lésbica? Será que vou começar a gostar de meninas porque beijei uma? Eu já não acho graça nos moleques mesmo."

A angústia durou todo o fim de semana. Carol ficou muito distante, como se estivesse com o pensamento em outro planeta. Não sabia com quem conversar. Por mais que se desse bem com sua mãe, não se sentia à vontade para falar com ela sobre isso. Com o Fábio não dava para discutir: como ela ia dizer que tinha preferido o beijo da garota ao beijo dele? Melissa estava muito mais preocupada com Luís do que com a amiga – era provável que ela nem prestasse atenção direito em Carol. Foi quando teve um clique.

"Minha ginecologista! Ela é tão bacana! E, se tem alguém que entende de sexo, é ela. Além do mais, ela disse que sempre que eu tivesse uma dúvida era para ligar. Amanhã, assim que eu chegar da escola, falo com ela!"

Na segunda-feira, Carol entrou em casa e nem almoçou: foi direto para o telefone.

– A doutora está numa consulta, posso pedir para ela retornar?

– É... Pode...

– Você poderia adiantar o assunto?

– Não, é só com ela mesmo. Obrigada.

"Nem louca que eu vou falar o assunto! Vou sair agora dizendo por aí que acho que sou lésbica? Está doida?"

No fim da tarde, a médica ligou de volta para Carol.

– E então, alguma coisa errada?

– Mais ou menos. É que eu estou com uma dúvida...

– Alguma coisa estranha no seu corpo?

– Na verdade não é no corpo... Ai, doutora, desculpa... Estou tomando seu tempo, né?

– Não tem problema, Carolina. O que aconteceu?

– É que eu beijei uma menina. Quer dizer, ela me beijou. Sou lésbica?

– Vai com calma, Carolina. Você está apaixonada por essa menina?

– Não, não! Foi só uma brincadeira! Eu nunca tinha pensado em ficar com uma garota, mas foi tudo muito rápido.

– E você achou bacana?

– Não sei... É que estou com medo de ter virado lésbica.

– Primeiro: não existe isso de "virar" lésbica. Cada um tem sua orientação sexual, e isso não precisa ser definido tão cedo. As pessoas podem perceber que gostam de ficar com gente do mesmo sexo só lá pra frente, quando já são adultas. Algumas pessoas percebem isso mais cedo. As coisas não são tão exatas como a gente imagina.

– Mas como eu vou saber do que eu gosto?

– Como você sabe se gosta mais de sorvete de chocolate ou de morango? É a mesma coisa. Você vai acabar descobrindo. Mas não ache que só por causa de um beijo você é lésbica. Pode ser só uma experiência. De vez em quando você não experimenta um sabor novo de sorvete? É normal na sua idade a gente querer experimentar coisas diferentes para saber do que realmente gosta.

– …

– Eu não tenho como decidir isso por você. Você vai ter que perceber sozinha. Se você achar que se interessa mais pelas garotas, que se apaixona só por meninas e que não se apaixona por meninos, pode ser que sua orientação seja homossexual. Mas pode demorar um tempo para você ter certeza disso. Agora, se isso está incomodando muito, tem gente mais indicada para te ajudar. Um psicólogo, por exemplo. A função deles é justamente ajudar as pessoas a entender o que elas estão sentindo. Se você quiser conversar mais, a gente pode marcar uma consulta.

– Não precisa, vou pensar nisso que você me disse. Obrigada por ter ligado!

– Qualquer coisa, você pode me procurar de novo, está bem?

– Obrigada!

VALE PARA VOCÊ TAMBÉM

MASTURBAÇÃO PODE FAZER MAL?

Não, muito pelo contrário. A masturbação é um jeito incrível de uma pessoa (menino ou menina!) conhecer o próprio corpo e descobrir o que lhe dá prazer. Com o autoconhecimento, é mais fácil partir para a relação a dois, já que a pessoa tem mais segurança sobre o seu "funcionamento" e tende a se sentir mais à vontade com a sua sexualidade. Para os garotos, é uma chance ótima para se familiarizar com a camisinha. O único problema é, como sempre, perder a mão e exagerar na dose. Masturbação pode ser gostoso, mas não é a única coisa a se fazer na vida! Vale a pena se ligar para ver se você não está deixando nada de lado para ficar só se masturbando...

QUAL A HORA CERTA PARA TRANSAR PELA PRIMEIRA VEZ?

Quando você se sentir seguro e confiante o suficiente para dar esse passo. Não existe idade certa nem essa de depois de 1, 6 ou 10 meses de namoro ter que transar! Para algumas pessoas, nem precisa de namoro para transar – é um direito delas! Outras precisam de um tempão de namoro até se sentirem confortáveis. O que não dá é para se atropelar e fazer alguma coisa só para não se sentir excluído do grupo. Tenha em mente ainda que iniciar a vida sexual significa assumir algumas responsabilidades. Pense bem se você está preparado para encará-las e evitar situações como gravidez indesejada ou uma DST (doença sexualmente transmissível). Se rolar um vacilo, não tem como voltar atrás depois!

POR QUE MUITOS GAROTOS BROCHAM OU GOZAM RÁPIDO DEMAIS NA PRIMEIRA VEZ?

Principalmente por causa do nervosismo. Para o pênis ficar ereto, precisa entrar sangue em suas estruturas esponjosas. Assim que elas ficam cheias, o pênis fica maior e mais rígido. A ansiedade, o medo e qualquer outro sinal de pavor podem impedir todo esse processo. A mesma coisa com a ejaculação precoce – se o cara já começar a transa pensando que vai perder o controle, é muito provável que isso aconteça.

E SANGRA MUITO?

Varia de caso para caso. Com o rompimento do hímen, alguns vasos sanguíneos podem sofrer uma lesão. Se for uma veia, a garota sangra muito pouco. Se for uma artéria, o sangramento pode ser mais intenso. Caso seja muito forte, a menina deve procurar ajuda médica para estancar a saída de sangue – mas esses são casos muito, muito raros. Pode acontecer de nenhuma veia se romper – aí não há sangramento. Algumas garotas têm o hímen elástico (ou complacente), com o orifício central mais largo e a borda de pele mais estreita do que os outros tipos de hímen. Por causa dessas características, esse hímen não se rompe obrigatoriamente com a penetração – aí também não sangra.

A PRIMEIRA VEZ DAS MENINAS DÓI?

Não necessariamente. Se a garota estiver muito nervosa, os músculos da vagina podem ficar mais tensos e a lubrificação vaginal, diminuir. Aí a penetração pode ser dolorosa. O jeito é descobrir um modo de ficar mais tranquila e segura para relaxar de verdade.

FICAR COM ALGUÉM DO MESMO SEXO SIGNIFICA QUE A PESSOA SEJA HOMOSSEXUAL?

Pode ser que sim, pode ser que não. Na adolescência, é muito comum a gente querer experimentar sensações novas – ficar com alguém do mesmo sexo pode entrar nesse caldeirão. Para alguns, essa atração é muito grande e duradoura, e não apenas um desejo de testar uma coisa nova. Nesses casos, é provável que a pessoa realmente tenha uma orientação homossexual e siga assim na vida adulta. Para outros, é apenas um momento ou uma curiosidade. Se a pessoa perceber que a onda dela é se relacionar com o sexo oposto, terá sido uma experiência homossexual, mas não necessariamente a definição de sua orientação sexual. Com o tempo e o amadurecimento é mais fácil o desejo se expressar e ficar mais claro para a pessoa o que ela realmente curte.

agora aguenta!

desembaraçar o nó

Melissa ficou arrasada o resto do fim de semana. Não tinha vontade de conversar com ninguém, não quis sair de casa e, se não fosse pela insistência de sua mãe, não teria sequer comido. Ela estava muito, muito triste. A primeira vez não tinha sido nem de perto como imaginava. Aliás, nem tinha sido... Por algum tempo, achou que o problema era ela, que supostamente não teria agido como deveria. Tinha ficado nervosa na hora e nunca havia lido em lugar nenhum como a garota deveria se comportar na primeira vez para que tudo corresse certo – simplesmente porque não há uma maneira correta para se agir em situações desse tipo.

Depois de pensar por muito tempo e tentar ver onde a coisa tinha desandado, ela imaginou que Luís estaria se sentindo muito pior. Ele ainda não tinha ligado. Ela tampouco tivera coragem de procurá-lo. Não sabia direito o que dizer nem como conversar sobre isso sem magoá-lo. Mas tinha noção de que não dava para fingir que nada tinha acontecido. Ela não ia cometer esse erro de novo. No final, chegou à conclusão de que o erro tinha sido dos dois, que tinham se deixado levar pela pressão criada por eles mesmos. Podiam ter deixado as coisas seguirem seu caminho, dado o tempo necessário para se acostumarem um com o outro e se conhecerem melhor... Mas não! Tudo tinha sido apressado, como se o mundo fosse acabar no dia seguinte e aquilo fosse uma obrigação a ser cumprida.

"Eu nem tomo pílula ainda. E se desse alguma coisa errada com a camisinha? Só faltava eu engravidar! E esse monte de histórias que falam de doenças? E se eu pegar alguma coisa?

Não dá mais para ir na loucura assim... Eu amo muito o Luís, só que não posso ficar morrendo de medo. Ai, vai ser horrível, mas a gente vai ter que conversar. Seria tão mais fácil se ele pudesse ler meus pensamentos e me dar todas as respostas. Falar nisso é tão chato! Ele vai achar que eu não confio nele ou que estou cobrando alguma coisa. Mas é melhor do que ficar encanada assim!"

Já que não tinha coragem de conversar ao vivo, Melissa resolveu ligar o computador e escrever um *e-mail*. Assim, Luís teria tempo de ler com calma e, se ficasse com raiva, pelo menos não explodiria em cima dela.

"Lu, imagino que você esteja chateado ainda. Mas pensa direito... Nenhum de nós dois tem motivo para estar triste. Agora que a gente estava se entendendo tão bem, não dá para deixar um acidente de percurso atrapalhar tudo. Talvez a gente tenha se precipitado e apressado as coisas. Acho que nos esquecemos de aproveitar tudo como deveria ser aproveitado. E tem um monte de coisa que a gente não conversou. Eu morro de medo de ficar grávida, por exemplo. E nunca falamos sobre isso. Sei que é difícil começar essa conversa (para dizer a verdade, estou morrendo de vergonha e só tenho coragem de dizer tudo isso porque você está longe agora). Mas eu não quero que uma situação chata ou o medo de conversar atrapalhem nosso namoro. Amo muito você!"

Com as mãos tremendo, Melissa clicou em "enviar". Mandou o *e-mail* logo, antes que desistisse. Era a primeira vez que dizia a Luís que o amava. Era a primeira vez que ela dizia isso para qualquer pessoa!

À noite, Luís leu o *e-mail* e deu um suspiro de alívio. Ele também estava morrendo de vergonha e não tinha ideia de como olharia para a namorada na segunda-feira de manhã. A iniciativa dela deixou as coisas muito mais fáceis. Agora era inevitável: eles teriam que conversar e ajustar seus ponteiros. Em um milésimo de segundo, ele percebeu que também estava gostando muito de Melissa. Mas não queria parecer piegas. Também não queria ser um chatão fingindo que não estava reconhecendo o esforço dela em acertar a situação. Mandou uma resposta para o *e-mail*.

"Você tem toda a razão. Eu também amo muito você!"

ônus e bônus

De manhã, Luís e Melissa se encontraram na entrada da escola. Deram o abraço mais apertado que já haviam dado. Por alguns instantes ficaram assim, apenas trocando carinho. Sentiram-se mais companheiros do que nunca, como se, a partir daquele momento, passassem a dividir uma coisa que só interessasse aos dois, o que lhes dava mais cumplicidade.

O sinal tocou logo, e eles não tiveram tempo de conversar. Mas o clima já estava completamente diferente: toda aquela ansiedade tinha acalmado, e parecia que eles tinham todo o tempo do mundo para resolver seus problemas.

Alguns dias depois, Luís resolveu voltar ao assunto e começar a conversa de vez.

– Então, Mê... Um amigo meu disse que tem uma espécie de posto de saúde que dá orientação para gente assim, da nossa idade. Ele disse que dá até para pegar camisinha de graça lá.

– Você falou para ele da gente?

– Não, não!!! Ele que veio contar que tinha descoberto esse lugar, que estava pegando camisinha lá.

– Lu, não queria que você ficasse contando para todo mundo.

– Claro que não, Mê! Ninguém precisa saber o que a gente faz ou deixa de fazer. Só pensei que podia ser legal a gente ir lá junto, já que você falou que tinha medo de engravidar, essas coisas... Talvez você fique mais tranquila sabendo que tem gente para ajudar.

– Verdade, desculpa! É que eu não queria que as pessoas ficassem falando da gente. Mas você está certo. Pode mesmo ser bom ir até lá.

Ei, Ser
que você
poder
desce

"Fofo, ele pensou em tudo! Já achou um jeito de me deixar mais sossegada!"

"Ainda bem que você não quer que as pessoas saibam da gente. Eu é que não quero os caras me zoando porque não consegui transar!"

– Sabe o que é, Lu? A gente nem tinha combinado direito se você ia comprar as camisinhas, se eu ia começar a tomar pílula. Fiquei meio encanada. Vai que dá alguma coisa errado! Minha mãe fica fazendo tanta pressão em casa, dizendo que na época dela não tinha nem essa história de ficar. Imagina se eu falo para ela que a gente vai transar? Ela surta! E o que faço então se engravidar?

– Não vai dar nada errado, é só a gente se cuidar! Eu não quis falar nada porque achei que você estava decidida.

– Tenho que confessar: eu estava morrendo de medo.

– Já que você falou, eu assumo minha parte: também estava com medo de dar tudo errado. É que você parece tão segura às vezes que eu acho que tenho que seguir em frente, Mê! Parece que com você está tudo bem, e que eu estou ficando para trás...

– Por que você nunca disse isso para mim?

– ...

– Vamos lá sim... Na sexta, depois da escola, eu falo para minha mãe que vou estudar com a Carol, e a gente vai, tá?

camisinha

No caminho da clínica, começou a bater um pânico em Melissa. Ela sabia que era um passo importante que estava dando com Luís, mas não se sentia totalmente à vontade para falar de sexo com outras pessoas.

– Lu, e se eles ligarem para os meus pais?

– Claro que não! Meu amigo disse que a gente nem precisa dar o nome verdadeiro para eles.

– Mas vou ter que tirar a roupa?

– Não, Mê, você não faz nada que não quiser. Quer desistir? Eu posso ir sozinho para pegar camisinha.

– Quero ir com você, mas não me deixa sozinha lá, tá?

Luís só sorriu de volta. Os dois saíram do metrô e chegaram rapidinho no posto. Na entrada tinha uma senhora, com uma cara meio séria. Melissa já pensou em dar meia-volta, fingir que tinha entrado por engano e fugir de lá! Luís tomou a dianteira:

– É aqui que a gente pode pegar camisinha?

– Sim. É a primeira vez que vocês vêm?

– É.

– Bom, então vocês ainda não devem saber como funciona. Nós somos um centro de prevenção. Vocês podem vir todos os meses buscar uma cota de 20 preservativos. A gente faz uma carteirinha e, das próximas vezes, é só apresentar para retirar as camisinhas.

Luís nem podia acreditar. Vinte por mês? Dava até para fazer uma moral entre os amigos e distribuir algumas na escola.

– Como é a primeira vez, vocês precisam assistir a uma palestra antes. Vamos esperar uns 10 minutos para ver se não aparece mais ninguém. Enquanto isso, vão preenchendo essa ficha.

Ela entregou um formulário para cada um e indicou umas cadeiras na sala de espera. Melissa olhava tudo meio ressabiada. Havia alguns pôsteres na parede. Todos falando de sexo e DST. Algumas imagens de doenças eram bem horríveis, e ela foi ficando com um certo nojo.

Luís sentou rapidamente e já foi preenchendo o papel. Só ficou em dúvida quando viu o campo "pseudônimo". Levantou e perguntou para a senhora:

– Aqui é para eu colocar um nome de mentira?

– É, você coloca qualquer palavra que quiser. Assim, todas as informações a seu respeito e sua identidade ficam em sigilo. Pode preencher tudo com sinceridade, porque ninguém tem acesso a isso exceto a nossa equipe.

Quando terminou, Melissa tentou dar uma espiada na ficha do Luís. Assim que ele percebeu, deu-lhe um sorriso e cobriu o formulário com o corpo. Os dois se levantaram e entregaram os papéis para a atendente.

– Bom, não veio mais ninguém. A gente pode começar.

Ela os guiou até uma sala que tinha uma lousa, um projetor e uma TV. Primeiro passou um vídeo, parecido com os das aulas de biologia, que falava da importância da camisinha para a prevenção da Aids e de outras doenças.

Depois, usou o projetor para falar mais de cada doença. Melissa nem sequer conseguia prestar atenção porque as fotos que ela mostrava eram escabrosas. Só ouvia os nomes: HPV, gonorreia, sífilis, herpes...

Quando terminou, ela acendeu a luz e tirou de uma gaveta um pênis de borracha, um molde de vagina e várias camisinhas. Luís e Melissa se olharam envergonhados. Aquela senhora, com cara tão séria, pegando naquilo tudo com tanta naturalidade, como se fossem brinquedos!

– Não adianta ter a camisinha e não saber usar direito. Tem que começar com cuidado desde o começo. Na hora de abrir, puxe pela lateral da embalagem, que o plástico abre. Não use dentes, tesoura ou unhas, porque sem querer você pode estragar o preservativo. Segure-o pela ponta e gire esse biquinho para não entrar ar. A pontinha do preservativo tem que ficar livre, e não esticada junto ao pênis, porque é aí que o sêmen vai ficar armazenado depois da ejaculação. Se o bico da camisinha estiver com ar, ela pode estourar durante a penetração.

Enquanto falava, ela foi pegando o pênis de borracha. Melissa ficou vermelha de vergonha, tentando conter o riso. Luís estava embaraçado na frente da namorada. Por mais que já estivesse acostumado com camisinhas, nunca tinha visto uma mulher falar tão à vontade sobre o assunto.

– Tem que segurar a camisinha na ponta do pênis ereto com firmeza, para ela não escapar. Não adianta colocar com o pênis mole, porque entra ar, e o preservativo escapa. Se o garoto não for circuncidado, puxa o prepúcio para trás antes, porque fica mais fácil colocar a camisinha. Vai desenrolando com calma, até a base do pênis. Depois da ejaculação, tem que tirar o preservativo ainda com ereção. Se o pênis fica mole, ele acaba diminuindo de tamanho e deixando a camisinha mais folgada. Aí o sêmen pode escapar, e não vai ter servido de nada transar com proteção. Quando tirar, é só dar um nó na ponta para o sêmen não vazar e jogar no lixo. Alguma dúvida?

Nem Luís nem Melissa se atreviam a dizer alguma coisa. Estavam morrendo de constrangimento, não conseguiam nem se olhar direito.

ameaças reais

Depois da palestra, a orientadora do centro de prevenção conversou com Melissa e Luís separadamente. Ele foi primeiro.

– Eu percebi que vocês ficaram um pouco constrangidos na palestra. É por isso que a gente tem essa conversa particular depois, para ter certeza de que não sobra nenhuma dúvida. Sei que às vezes é mais difícil perguntar na frente de outras pessoas, então agora você pode ficar à vontade para fazer a pergunta que quiser.

– Na verdade eu não tenho dúvidas, não...

– Você já mantém relações sexuais?

– Mais ou menos...

– Como é mais ou menos?

– Ah, mais ou menos...

Luís se sentiu muito envergonhado e abaixou a cabeça.

– Por exemplo: você já fez masturbação mútua com uma parceira?

– Um pouco, já.

– Mas não teve penetração, é isso?

– É...

– Aconteceu alguma coisa?

– Eu não consegui.

"Não acredito que estou falando isso com uma estranha!!!"

– Mas você sabia que a maioria dos meninos tem problemas nas primeiras tentativas? Às vezes, a tensão é tão grande que acaba atrapalhando tudo. Eu adoraria dar uma fórmula mágica para você resolver isso, mas infelizmente não existe!

Luís começou a sentir uma certa simpatia pela senhora. Ela falava tão naturalmente como colocava a camisinha no

E então, você tem ALGUMA DÚVIDA???
Eu? NÃ-NÃ-NÃ-NÃO....
AIDS

pênis de borracha, sem fazer julgamentos ou passar lição de moral.

– Tem que tirar da frente tudo o que possa deixar você nervoso. Tem gente que morre de medo que chegue alguém e não consegue relaxar. Só não dá para cair na roubada de ficar nervoso uma vez e achar que nunca mais vai dar certo. Aí você se mete num círculo vicioso. Sexo é para ser uma coisa bacana, e não um tormento! Tirando isso, você tem certeza de que não sobrou nenhuma dúvida? Com prevenção de DST, de gravidez?

– Não, entendi tudo.

– Deixa eu pegar suas camisinhas, então. Quando você sair, pode pedir para sua amiga entrar?

– Posso sim. Obrigado, viu?

Luís não acreditava que tinha acabado de contar para uma mulher desconhecida que não havia conseguido transar. E mais estranho ainda é que não se sentia tão envergonhado. Pelo contrário, ela tinha passado uma certa segurança, tinha conseguido fazê-lo se sentir melhor.

garantir a segurança

– Ela pediu para você entrar...

– O que ela falou? Ela fez exames em você?

– Relaxa, Mê! Ela é gente fina.

Melissa entrou bem ressabiada.

– Pode sentar. Esta nossa conversa é para que você tire qualquer dúvida que tenha ficado da palestra. Pode ficar tranquila: tudo o que a gente conversa aqui morre aqui.

ORIENTADORA
Agora é a minha vez...

– Dúvida mesmo eu não tenho. Entendi todo o lance da camisinha e tal. Mas sabe do que eu tenho medo? De que dê alguma coisa errada com a camisinha, e eu acabe engravidando.

– Bom, vamos por partes. Se você usar a camisinha desde o começo da relação, ela dá proteção contra as doenças e a gravidez. Mas não adianta colocar só quando acontecer a penetração. Tem muita gente que dança por causa disso. Sabe essas brincadeiras de "só um pouquinho, para dar o clima..."? É aí que mora o perigo.

– Dá para engravidar sem o menino ejacular?

– É mais difícil, mas é possível. Sabe quando o garoto está bem excitado e libera um líquido mais ralinho pelo pênis?

Melissa fez que sim, mas não tinha ideia do que era.

– Isso é uma lubrificação masculina, que prepara a uretra para a passagem do sêmen durante a ejaculação. A secreção em si não tem espermatozoides, mas se o menino tiver ejaculado antes e não tiver urinado, podem sobrar alguns espermatozoides no caminho. Quando ele ficar excitado de novo, essa lubrificação pode arrastar os espermatozoides para fora. Se o rapaz estiver com o pênis na entrada da sua vagina, pode ser que algum espermatozoide consiga chegar à sua trompa. Entendeu por que há chance de gravidez? Por isso é que você precisa colocar o preservativo desde o começo.

– Mas e se eu tomar pílula?

– Aí você está protegida contra gravidez. Mas não contra as DSTs. O contato do pênis com a vagina, mesmo sem a ejaculação, pode transmitir doenças. Por exemplo: se o rapaz tiver HPV, ele pode passar o vírus no atrito com os seus lábios vaginais.

– É, você tinha dito isso na palestra. Mas o que me preocupa mais é gravidez. Será que você poderia me indicar uma pílula?

– Gravidez é um ponto a se preocupar, mas não é tudo. O ideal é associar a pílula com a camisinha. Se, por acaso, a camisinha estoura, você não corre o risco de engravidar. Mas a pílula não dá proteção contra as DSTs.

– Eu sei. Mas acho que ficaria mais tranquila tendo certeza de que não tenho a menor chance de engravidar...

– Eu não posso receitar a pílula. Para isso, você precisa visitar um médico. Aqui na clínica, a gente não oferece consulta ginecológica, mas eu posso indicar alguns postos que tenham ginecologistas. Tome, fique com esse folheto. Tem vários endereços nele.

– Obrigada!

– Passe mesmo pelo médico. Ele pode dar mais indicações sobre a pílula e explicar direitinho como tomar. Não caia nessa de tomar a mesma que suas amigas tomam, hein? Você tem que ver qual é a melhor para o seu caso. Às vezes, o que funciona para uns não é bom para outros.

– Pode deixar!

– Além disso, tem mais alguma coisa que você queira saber?

– Acho que não.

– Qualquer coisa, pode sempre voltar aqui. Se eu não estiver, tem sempre uma orientadora de plantão, está bem?

– A-hã... Obrigada mesmo!

Ufa! Tinha sido muito melhor do que Melissa esperava.

assumir responsabilidades

Saindo da clínica, Melissa e Luís voltaram para a casa dele. Antes de entrarem no apartamento, Melissa resolveu passar na casa da Carol.

– Visitinha!

– Nossa, que milagre! Você vem sempre na casa do Luís e nunca passa aqui.

– Hoje resolvi passar. Oi, Fábio!

– Nem você aguentou mais o meu irmão e veio pedir refúgio aqui?

– Muito engraçadinho... Não posso nem vir conversar com a minha amiga que vocês já acham que aconteceu alguma coisa. O que vocês estão fazendo?

– Nada especial, não. Um amigo nosso montou um *blog* com umas fotos que a gente tirou na balada. Olha só.

– Aquele menino da outra sala?

– É.

– O pessoal parece bacana, né? Vocês têm saído bastante juntos...

– Eles são legais sim. São bem desencanados, sabe?

– Olha só o Fabinho abraçando a mulherada! É, passa o tempo, e esses meninos tímidos vão mostrando o que são.

– Eu é que fico abraçando a mulherada? E os agarros que você dá no Luís no meio do pátio?

– Mas ele é meu namorado, tá?

– Ai, Mê, nada a ver. Aliás, por que não está com o Luís?

– Estava com ele até agora e resolvi vir conversar com você. Faz tempo que a gente não se fala, né, Carol?

– Também, você só quer saber dele.

– Ai, Carol, quanto ciúme!

– Humpf...

– Pronto, vai começar esse papo de menininha. Carol, vou pegar as fotos em casa para a gente postar, já volto.

– Tchau, cunhadinho!

Melissa quase suspirou de alívio quando Fábio saiu. Imagina se ele encarnasse lá e não deixasse as duas conversarem?

– Você mudou sua cama de lugar! Ficou bem melhor assim!

– O quarto fica mais espaçoso, não fica?

– Com certeza! Carol, você já foi ao ginecologista, não foi?

– Umas três vezes. Por quê?

– É que eu estava pensando em ir também.

– A minha médica é superbacana. Se você quiser, eu pego o telefone dela.

– Pode ser. É que minha mãe não pode nem desconfiar... Ela enlouquece se souber, ainda mais porque quero começar a tomar pílula!

– Ah!!! Agora entendi! Eu deveria era ficar ofendida porque você só quer o telefone da minha médica. Mas pelo menos fico feliz em saber que você está se cuidando.

– Que horror, Carolina! Eu sei que não tenho dado tanta atenção a você, mas você continua sendo minha melhor amiga! Com quem mais eu ia conversar sobre isso?

Carol ficou com uma pontinha de raiva por achar Melissa interesseira. Por outro lado, sentiu um pouco de culpa. Ela também não estava mais procurando a amiga para dividir seus segredos – ela nem tinha contado sobre o beijo que havia trocado com outra menina.

– Você é uma desnaturada mesmo, mas pelo menos está tomando juízo. Se quiser, eu vou com você na consulta. A médica é muito bacana, daquelas com quem dá para falar de tudo.

– Ai, Carol, ia adorar se você viesse comigo. Eu tenho um pouco de medo da consulta, sabe?

– Relaxa! Não tem nada demais. Mas, se você quer tomar pílula, é porque está rolando alguma coisa com o Luís.

– É... Rolar mesmo não rolou... Mas vai rolar! Eu não quero é ficar desesperada, com medo de dar alguma coisa errado.

– Você está certa, Mê! Tem que se cuidar mesmo. Quer que eu ligue para o consultório para marcar a consulta?

– Vamos ligar?

Carolina conversou com a secretária e conseguiu um horário para a amiga na semana seguinte.

– Pronto. Na quinta, depois da aula, a gente almoça aqui e vai para o consultório.

– Valeu, Carol! Olha, tem mensagem apitando para você no computador.

– Deixa eu desligar...

"Estou com uma amiga aqui em casa. Depois a gente conversa, tá? Um beijo."

Era a mesma menina que tinha beijado Carol. Elas continuaram amigas do mesmo jeito depois daquele selinho. Aparentemente, para a garota tinha sido mesmo só uma brincadeira. Carol ainda se pegava pensando no assunto, mas pelo menos era de um modo mais tranquilo e menos ansioso.

roubadas

No dia marcado, Carol e Melissa foram até o consultório da ginecologista.

– Oi, Carol! Tudo bom?

– Tudo certo, doutora... Essa é minha amiga Melissa, ela é que vai fazer a consulta hoje!

– Muito prazer, Melissa! Vamos entrar?

– Eu espero aqui fora, Mê.

– Está bem. Obrigada de novo, viu, Carol?

Melissa estava bem mais segura do que quando tinha ido ao centro de prevenção. A companhia de Carol também ajudava. Ela estava se sentindo muito adulta, como se aquela atitude fosse um passo enorme de maturidade.

– Vamos lá, Melissa. Esta é sua primeira consulta?

– É sim.

– E você veio por algum motivo especial?

– É o seguinte: eu e meu namorado estamos pensando em transar. E eu queria começar a tomar pílula.

Ela tentou ser natural, mas no fundo ainda sentia um pouco de vergonha. Era bem pouquinho, mas admitir que ia transar causava um certo incômodo.

– Entendi. E você já transou com outros garotos?

– Não, ele é o primeiro.

– Faz tempo que você ficou menstruada pela primeira vez, Melissa?

– Uns dois anos.

– E como é seu ciclo? Ele vem certinho, com intervalos regulares? Ou ainda está um pouco atrapalhado?

– Não é um relógio, mas sempre vem ao redor de 4 semanas. Às vezes vem um pouco antes, uns 26 dias depois de eu ter ficado menstruada.

– Bom, deixa eu explicar. Hoje a gente tem várias opções de métodos anticoncepcionais. Para garotas da sua idade, as melhores alternativas se dividem basicamente em dois grupos: os hormonais e os de barreira. Tem também os chamados métodos naturais, que só dependem da relação em si. Esses são os mais arriscados, principalmente para quem ainda não tem ciclo regular. É mais fácil usar esses métodos para engravidar do que para evitar a gravidez!

– Não, não, não! Nem pensar, doutora!

– Você já deve ter ouvido falar em algumas técnicas dessas, como a tabelinha. Vou só explicar como funciona para você saber, mas tenha em mente que a chance de falhar é enorme! É assim: a mulher calcula quando cai seu período fértil, ou seja, quando ela ovula. Isso acontece 14 dias antes de vir a menstruação. Se seu ciclo dura 26 dias, por exemplo, a ovulação acontece 12 dias depois de você menstruar. Mas, como você mesma disse, às vezes esse período varia, e a gente não pode ter certeza. Enfim, o casal não mantém relações três dias antes e três dias depois da ovulação. Isso é a tabelinha.

Melissa já tinha lido numa revista que isso era roubada, que um monte de meninas acabavam engravidando porque a tabelinha falhava.

– Outro método famoso é o coito interrompido, quando o rapaz tira o pênis da vagina da parceira antes de ejacular. Não precisa nem dizer: vocês estão lá aproveitando e o cara tem que se controlar em vez de curtir. Se ele perde o controle e ejacula, não adianta nada! Tem risco também de ele ejacular bem na entrada da vagina, o que pode levar a uma gravidez. Em resumo: bobagem tentar se prevenir assim.

– Doutora, eu quero fugir de roubadas!

– Ainda bem!

As duas trocaram um sorriso gostoso, de confiança mútua.

pílulas, adesivos, anéis...

A médica deu um gole no copo d'água que estava sobre a mesa. E continuou sua explicação:

– Os métodos hormonais são os que interferem no seu ciclo. Eles são feitos de hormônios sintéticos que enganam o seu organismo e não deixam você ovular. Assim, não tem risco de gravidez. O mais conhecido é a pílula. Hoje há várias marcas, cada uma com sua especificidade. Cada mulher se adapta melhor a um certo tipo de pílula. A gente pode tentar uma e, se seu organismo reclamar, a gente pode mudar até achar uma que seja boa para você.

Melissa acenou com a cabeça, concordando.

– Além dos comprimidos tradicionais, há outras opções de métodos hormonais. Um deles é esse anel vaginal. A base é a mesma: ele fornece hormônios que impedem a ovulação. Só que, em vez de ingerir, você deixa o anel na vagina. Depois de três semanas, você troca.

O anel era um aro que parecia plástico branco. Tinha mais ou menos uns 5 centímetros de diâmetro.

– Esquisito, né?

– Tem gente que gosta muito e acaba achando mais prático porque não precisa se lembrar de tomar todos os dias. Mas, como você ainda está começando sua vida sexual, eu não o indicaria. Você precisa se acostumar mais com o seu corpo para poder colocá-lo sem medo e retirá-lo no final do período.

"Ainda bem. Eu que não queria ficar com isso dentro de mim!"

A médica pegou um adesivo, parecido com aqueles de fazer curativo.

– O adesivo contraceptivo funciona do mesmo jeito, mas você absorve os hormônios pela pele. Você cola um desses no corpo e troca toda semana.

– Mas, assim, minha mãe ia descobrir. Como eu ia explicar o que é isso?

– Ah, bom. Sua mãe não sabe que você namora?

– Ela desconfia, mas eu não contei direito para ela. A gente não conversa muito sobre isso, porque ela não acha certo eu namorar com 14 anos.

– Que chato, hein?

– Você nem imagina...

– Bom, a última opção, que acho que também não é a melhor para você agora, são as injeções e os implantes hormonais. As injeções funcionam como a pílula, mas você toma uma vez por mês ou a cada três meses, dependendo do método. O implante é um bastãozinho que fica debaixo da pele e pode durar muito tempo. Só que ele é bem mais caro do que a pílula e, provavelmente, você teria que pedir dinheiro emprestado aos seus pais para poder comprar. Tem ainda o DIU, que eu recomendo só para pessoas mais velhas e que já tiveram filhos. No seu caso, acho que a gente pode experimentar a pílula mesmo. Você só não pode se esquecer de tomar, hein?

– Não vou esquecer, pode deixar!

– Tem que tomar todos os dias, mais ou menos no mesmo horário.

A médica explicou para Melissa como tomar, o que fazer se ela esquecesse um dia, quando ela deveria dar o intervalo entre as cartelas...

– Se você esquecer alguma coisa ou se tiver dúvida, pode me ligar depois. Essa receita que estou dando é de uma pílula que tem uma dosagem bem baixa de hormônios. A maioria das minhas pacientes não sente efeitos colaterais com ela. Mas pode acontecer. Se você perceber qualquer mudança, me procure.

A médica entregou a receita para Melissa. Antes de examiná-la, porém, seguiu para um assunto inevitável.

– Além da gravidez, você já deve estar careca de saber que precisa se proteger contra as DSTs, né? Sei que é chato ficar ouvindo isso o tempo todo, mas é um ponto muito importante. Essas doenças podem trazer complicações bem chatas. Você provavelmente já sabe, mas eu tenho que reforçar: usar camisinha é o único jeito de prevenir a maioria das doenças sexualmente transmissíveis.

Melissa estava rezando para que não tivesse que olhar de novo para aquelas imagens horrorosas que tinha visto no centro de prevenção.

– Todo mundo fala de Aids, porque é uma doença que ainda não tem cura e é muito, muito séria. Mas tem várias outras. Você já deve ter ouvido falar de HPV também, né? Aquela que causa as verrugas genitais. Essas são as doenças mais comuns, que sempre saem nos jornais e nas revistas. Tem ainda uma lista enorme: gonorreia, sífilis, herpes... Não vou ficar explicando uma por uma para você, porque hoje dá para fazer uma busca na internet e você consegue mais detalhes sobre essas doenças do que eu mesma sei.

Melissa suspirou aliviada. Não teria que encarar nenhuma imagem de terror pela frente.

– Olha, Melissa, eu não posso fazê-la prometer que vai se proteger, porque isso tem que partir de você mesma. Transar é muito bacana, ainda mais se você se entende bem com a pessoa com quem você está. Mas tem que ter consciência de que é preciso se cuidar. Começar a transar significa que você cresceu e que está na hora de se virar sozinha. Se você não se importar consigo mesma, quem vai?

Aquilo caiu como uma bigorna na cabeça de Melissa. Era a primeira vez que jogavam a bola para ela daquela maneira. Ela se sentia tendo uma conversa adulta com a médica, e não um sermão, como costumava ouvir. Sempre que falavam de sexo, os outros adultos faziam uma espécie de terror. Não que fosse de propósito, mas eles falavam como se a pessoa estivesse condenada à tor-

tura eterna se não usasse camisinha. Como se todo mundo fosse infantil e não usasse camisinha de birra. A conversa com a ginecologista tinha acendido uma luzinha na cabeça de Melissa que, até então, estava bem apagada.

O exame rolou bem tranquilo. Melissa tinha gostado muito da ginecologista.

– Bom, qualquer coisa, você me liga. Espero que dê tudo certo com seu namorado.

– Obrigada, doutora.

A médica abriu a porta e se despediu de Melissa. Ao ver que Carol estava na sala de espera, deu uma piscadinha.

– E você, Carolina, já conseguiu resolver aquelas dúvidas?

– Estou deixando rolar, doutora...

muitos casais, pouco espaço

Melissa começou a tomar a pílula e, algumas semanas depois, achou que estava pronta para uma nova tentativa. Parecia que até os astros estavam lutando a seu favor: num sábado, os pais de Luís tinham ido viajar, e Fábio tinha saído com Carol.

Tudo estava rolando perfeitamente: ela tinha levado um filme, e os dois ficaram vendo na sala. Claro que, entre um beijo e outro, o clima começou a esquentar. Tanto Melissa quanto Luís estavam mais sossegados – depois de tudo o que tinham passado, agora tinha que dar certo!

Fábio também estava tendo uma noite bacana. Ele e Carol tinham ido com alguns amigos a um campeonato numa *lan-house* perto do prédio. Começou a rolar uma paquera com uma garota do grupo. Na verdade, ela já tinha até sondado com a Carol se valia a pena investir no Fábio.

– Eu acho ele tão fofo! Mas, como vocês sempre estão juntos, não sei se rola alguma coisa. Por isso achei melhor perguntar antes.

– Não tenho nada com o Fábio, não. Ele é como um irmão para mim. Vai fundo, ele é muito bacana mesmo!

Carol dissera isso meio dividida. Por um lado, ficava feliz em ver as garotas se interessando por Fabinho. Não tinha volta: o menininho tímido estava crescendo mesmo. Mas, por outro lado, ela se sentia um pouco traída. Não que ela quisesse namorar o amigo, mas e se ele fizesse a mesma coisa que a Melissa – começasse a namorar e a deixasse de lado?

"Ele não é assim, Carolina! Deixa de ser possessiva! O menino tem o direito de ficar também! Vai, ajuda logo os dois!"

Quando o jogo acabou e todo mundo estava indo embora, Carol resolveu dar uma força para o novo futuro casal.

– Vocês não querem ir até minha casa? É aqui pertinho... A gente pode pedir uma pizza.

– Não sei se posso. Minha mãe ficou de me buscar aqui.

– Liga para ela! É só ela passar na casa da Carol mais tarde.

Fábio estava torcendo para a menina topar. Os dois tinham conversado muito, e ela tinha dado todos os sinais de que estava a fim dele.

– Ela disse que tudo bem. É muito longe?

– Não, é nesta rua mesmo.

Carol se afastou um pouco para deixar os dois sozinhos e avisar a seus pais que estava chegando com alguns amigos em casa.

Na saída do elevador, Fábio propôs buscar uns CDs para eles ouvirem enquanto comiam a pizza.

– Você não quer vir comigo?

– Vai com ele, enquanto eu vou pegando o telefone da pizzaria.

A situação era perfeita! Sem ninguém por perto, era bem mais fácil tomar a iniciativa e beijar a garota logo. Mas foi só abrir a porta...

– Caramba, pirralho, o que você está fazendo aqui?!

– Você não disse que ia sair, Luís?

No meio dos berros, só deu tempo de Melissa, roxa de vergonha, pular atrás da sua camiseta. A outra menina ficou completamente constrangida e resolveu ir ajudar Carol com a pizza enquanto os irmãos se entendiam.

"Não acredito que esse filhote de ornitorrinco estragou tudo! De hoje não podia passar!"

"Não acredito que esse pentelho atrapalhou de novo! Justo hoje, que tinha tudo para dar certo!"

despedida

Fábio e Luís ficaram umas boas semanas sem se falar. Melissa achava que estava fadada a continuar virgem – não era possível que as coisas dessem tão errado assim! Mas ela e Luís superaram o trauma do flagra rapidinho. Na semana seguinte, finalmente, conseguiram transar. Claro que nas primeiras vezes a coisa foi meio bagunçada, mas com o tempo eles foram se entendendo melhor.

O namoro seguiu entre altos e baixos, como é normal em qualquer relacionamento. Algumas semanas eram cheias de paixão, e os amigos até reclamavam de tanto grude. Outros dias eram de brigas intermináveis, com crises de ciúmes, choros e mau humor. Mas logo Melissa e Luís faziam as pazes, e o ciclo começava outra vez. Até que veio a baixa final: assim que entrou na faculdade, depois de um ano e meio de namoro com Melissa, Luís resolveu que queria voltar a curtir a vida de solteiro.

Melissa ficou péssima por um mês – achou que nunca mais seria capaz de gostar de outra pessoa e que sua vida amorosa estava definitivamente acabada. Como já diz aquela receita de vó, porém basta o tempo para os males do coração sararem. E assim foi: aos poucos, Melissa se recuperou e percebeu que provavelmente teria muitos outros namorados em sua vida. Aquele tinha um sabor todo especial, por ser o primeiro, mas ela e Luís tinham mudado muito e já não se sentiam mais tão apaixonados... Talvez fosse melhor assim.

Com o fim do namoro, Melissa começou a sair mais com a turma nova da Carol. O grupo foi ficando cada vez mais unido, e as baladas eram constantes: todo fim de semana o pessoal se reunia. Nas férias e nos feriados, eles armavam viagens incríveis. Foram vários acampamentos, trilhas pela mata, dias de sol (e de chuva!) na praia e rodinhas de violão em volta da fogueira.

Fábio passou a gostar mais e mais dessa turma – principalmente quando começou a fazer um arrastão entre as garotas. Saiu de novo com a menina da noite da *lan-house* e foi nela que ele deu seu primeiro beijo para valer. Os dois ficaram algumas vezes, e foi só começar a beijar na boca para Fábio não parar mais. Ele ficava com várias meninas, com algumas até começava um rolo, mas só no final do colégio é que teve uma namorada de verdade. Era uma garota que tinha conhecido no cursinho e estudava em outra escola. Todo mundo fazia brincadeiras com isso: como Fábio nunca levava

Já Terminou?
OBA!
Prova AAAHH 25/11
Barbicha
Não...
Agora é Que começou...
Lucas
VIAgem

a namorada para sair com a turma, eram comuns as piadas que diziam que ela era imaginária. Nem na formatura do colégio ela apareceu!

A festa de formatura, aliás, foi ao mesmo tempo a melhor balada da turma e a mais triste. Rolou música boa a noite inteira, todos estavam superbonitos, e o clima de união era muito forte. Mas eles sabiam que, dali em diante, suas vidas seguiriam por caminhos diferentes. Uns estavam indo para a faculdade, outros fariam mais um ano de cursinho.

Carol fez planos um pouco mais radicais: não prestaria vestibular. Pelo menos não naquele ano. Tinha resolvido fazer intercâmbio por uns meses e pensar melhor no que ia fazer da vida. Ela ainda não se sentia segura sobre um monte de coisas e não queria escolher uma profissão só porque todo mundo estava indo para a faculdade. Preferia dar um tempo, trabalhar como babá fora do país, aprender inglês e avaliar suas possibilidades com calma. Sua despedida foi em alto estilo: seus amigos armaram uma festa-surpresa na véspera da sua partida.

Eles decoraram o salão de festas com vários cartazes que tinham mensagens de boa viagem ao lado de fotos e caricaturas do grupo. Do lado de fora, ao redor da piscina, estava tudo iluminado com velas. Fábio foi o encarregado de levar Carol até a festa. Para despistá-la durante a tarde, enquanto os amigos arrumavam tudo, saiu com ela e a namorada para comprar as últimas coisas que faltavam para a viagem.

– Então você é a misteriosa namorada do Fabinho! A gente já desconfiava que você fosse uma invenção dele, porque nunca aparecia!

A garota ficou superenvergonhada, mas também se sentiu contente em saber que Fábio tinha contado para todo mundo sobre ela. As duas se entenderam muito bem, e Carol ficava mais tranquila por saber que Fábio teria uma boa companhia enquanto ela estivesse viajando. Depois de uma tarde inteira comprando meias, cachecóis e luvas, os três voltaram para o prédio.

Carol quase não conseguiu conter a emoção quando viu tudo aquilo! Praticamente todos os amigos estavam lá, e o salão estava lindo! Cada foto tinha uma história especial e aquela seria uma lembrança superbacana para guardar pelo resto da vida. Ela teve que dar uma de durona e engolir o choro à força para não estragar aquele clima de alegria.

– Carol, não acredito que você já vai!

– Sem choradeira, hein, Mê! Já chega aquele chororô na formatura... E um ano passa tão rápido, você nem vai sentir minha falta!

– Você promete que vai escrever sempre?

– Prometo! Quero ver se você vai escrever de volta.

Melissa estava quase cedendo às lágrimas quando viu Luís entrando no salão. Eles não tinham se encontrado mais desde o final do namoro. Haviam se falado pelo telefone algumas vezes, até trocaram alguns *e-mails*, mas nunca mais tinham se encontrado. O coração de Melissa deu uma disparada, e ela tentou disfarçar. Ainda bem que o centro das atenções naquela noite era Carol.

– Aê, Carol, chegou a hora, hein?

– Pois é. Será que quando eu voltar você finalmente vai ter desistido dessa barbinha ridícula, Luís?

– Que é isso, Carol! Oi, Mê! Quanto tempo, né?

Melissa sentiu seu rosto ficar vermelho. Pelo menos Luís estava sozinho, o que deixava as coisas mais fáceis. Ela com certeza se sentiria péssima se ele estivesse com uma namorada nova. Eles conversaram durante toda a noite, os dois se sentindo felizes por perceber que não restavam mágoas.

A festa foi animadíssima. A namorada de Fábio se deu tão bem com todo mundo que, no final da noite, já achava que também sentiria saudades da Carol. O clima de festejo só foi cedendo espaço para a melancolia quando o sol começou a nascer. Aí não tinha mais volta: Carol precisava subir para terminar de arrumar as malas e se preparar para o voo, que sairia no começo da tarde. Ela começou a se despedir dos amigos, tentando segurar as lágrimas a cada "boa viagem" que ouvia. Quando foi se despedir de Melissa e de Fábio, não aguentou e caiu no choro. O que durou pouco – só o milésimo de segundo até alguém perceber e jogar os três para dentro da piscina.

De repente, todo mundo caiu na água! Não sobrou ninguém seco – nem mesmo os pais de Carol, que tinham descido para ver o que estava acontecendo...

VALE PARA VOCÊ TAMBÉM

COM QUEM POSSO CONVERSAR SOBRE SEXO?

Se você está planejando transar, o ideal é, antes de mais nada, falar sobre isso com a outra parte interessada no assunto: seu parceiro(a). Não dá para avançar o sinal sem que os dois se entendam e se sintam à vontade com o tema. Agora, se você está em busca de conselhos e orientações de uma pessoa experiente, pode tentar falar com seus professores ou com seus pais, que são pessoas que querem o melhor para você e nas quais você pode confiar. Acontece que nem todas as escolas ou famílias dão abertura suficiente para colocar o assunto em pauta. As pessoas mais velhas também têm seus medos e fantasmas, e para elas pode ser tão complicado falar sobre isso quanto é para você. Se você achar que o papo não rola nem em casa nem no colégio, uma opção é procurar educadores sexuais, profissionais da saúde treinados especialmente para falar sobre esse assunto. Eles atendem em instituições especializadas em orientação sexual (dê uma olhada numa lista delas nas p. 118 e 119).

OS CENTROS DE PREVENÇÃO QUE APARECEM NA HISTÓRIA EXISTEM MESMO?

Sim. Muitos centros de saúde mantidos pelo governo ou por instituições criadas pela iniciativa privada (como as ONGs) estão preparados para receber adolescentes e esclarecer suas dúvidas sobre sexualidade, métodos de prevenção de gravidez e DSTs. Vários oferecem camisinhas e anticoncepcionais gratuitamente.

QUAL O MELHOR MÉTODO DE PREVENÇÃO DA GRAVIDEZ?

Aquele com o qual a garota se sente melhor. Algumas meninas se dão muito bem com a pílula. Outras, por serem mais esquecidas, preferem os adesivos contraceptivos. A garota deve procurar seu ginecologista e avaliar os prós e contras de cada opção, para então decidir qual é a melhor. E nunca é demais lembrar: os anticoncepcionais não protegem contra DSTs. Por isso, mesmo que a menina tome anticoncepcional, a camisinha tem que estar presente!

SÓ DÁ PARA EVITAR DSTs COM CAMISINHA?

A camisinha é, de longe, o meio mais eficaz para evitar a maioria das DSTs. Apenas duas DSTs já podem ser prevenidas com vacinas. A primeira é a hepatite B – ela já está até na lista de vacinação básica recomendada pelo Ministério da Saúde. Cheque na sua caderneta de vacinação se você tomou todas as doses necessárias. A outra é contra o HPV *(papilomavírus humano)*, o vírus que causa as verrugas genitais e está ligado ao aparecimento de câncer de colo do útero. Existem ainda várias pesquisas para tentar desenvolver a vacina contra Aids. Por enquanto, não tem jeito: o preservativo é o modo mais seguro de fazer sexo sem ter que se preocupar com DSTs.

QUAL É A HORA CERTA DE PROCURAR O GINECOLOGISTA?

Quando a menina entra na puberdade. Assim, ele pode acompanhar o desenvolvimento da garota e checar se está indo tudo bem: se o ciclo menstrual está em ordem, se os hormônios estão agindo como deveriam etc. Também não dá para deixar de visitar o ginecologista antes da primeira vez – ele é a pessoa perfeita para tirar as últimas dúvidas antes de a menina transar e para indicar o melhor método para prevenir a gravidez!

glossário

B.V.: abreviação de "boca virgem", gíria para falar de quem nunca beijou na boca.

canal deferente: tubo fino que sai do epidídimo e termina na próstata, desembocando na uretra. Sua função é transportar espermatozoides.

ciclo menstrual: período do ciclo hormonal feminino voltado para a reprodução, que dura ao redor de 28 dias. Começa no primeiro dia da menstruação e termina um dia antes de começar a próxima. A mulher ovula 14 dias antes do final de cada ciclo. Ao longo do ciclo, o útero se prepara para hospedar um feto, caso haja fecundação. Se a mulher não engravidar, ela fica menstruada e começa tudo de novo.

circuncisão: cirurgia feita para retirada do prepúcio. Pode ser indicada por motivos médicos ou religiosos (como acontece nas tradições judaica e árabe).

clínico geral: profissional que tem uma noção de várias áreas da medicina. Se o paciente tiver um problema muito específico, o clínico geral pode encaminhá-lo para o especialista adequado.

clitóris: órgão localizado na junção dos pequenos lábios vaginais. Único órgão humano que serve apenas para proporcionar prazer sexual.

DST ou **doença sexualmente transmissível**: doença transmitida por contato sexual desprotegido. Pode se manifestar de diferentes formas: verrugas, feridas ou corrimentos, por exemplo. Algumas podem ficar anos sem se manifestar. Ao serem diagnosticadas, devem ser tratadas o mais rápido possível, pois sua evolução pode levar a complicações graves. Sífilis, gonorreia, HPV e herpes são algumas das DSTs mais conhecidas.

ejaculação: eliminação de esperma do organismo masculino. Geralmente acontece no momento do orgasmo.

embrião: primeiros estágios de desenvolvimento do feto.

endocrinologista: médico especialista no sistema endócrino, responsável pela liberação de hormônios no organismo.

epidídimo: canal que sai do testículo e desemboca no canal deferente. Sua função é armazenar espermatozoides, que ficam amadurecendo ali até a ejaculação.

ereção: quando o pênis fica duro, enrijecido. Muitas vezes, está associada à excitação sexual.

esperma: líquido que contém espermatozoides e secreções produzidas principalmente pelas vesículas seminais e pela próstata.

espermarca: primeira ejaculação; indício de que o garoto já produz espermatozoides e é capaz de engravidar uma mulher.

espermatozoides: células reprodutivas masculinas. São eliminados pela ejaculação.

estirão: período mais intenso de crescimento, que ocorre no início da puberdade.

exames ginecológicos: testes feitos para checar a saúde do aparelho genital feminino. Podem ser clínicos (feitos pelo médico no consultório) ou laboratoriais (em que amostras, como secreções vaginais, são analisadas no laboratório).

ginecologista: médico especialista no aparelho genital feminino.

glande: cabeça do pênis.

glândulas sebáceas: estruturas da pele que secretam óleo.

gozar: atingir o orgasmo. Como gíria, também é sinônimo de ejacular.

herança genética: transmissão de características biológicas de pais para filhos por meio do DNA.

hímen: pele fina que fica na entrada da vagina. Geralmente é rompido na primeira relação sexual.

hormônios sexuais: substâncias químicas, produzidas pelo organismo, responsáveis pelas características sexuais e reprodutivas.

lábios vaginais: tecidos que cobrem a entrada da vagina. Divididos em grandes lábios (mais exteriores, que saem do púbis e recobrem toda a região genital) e pequenos lábios (pregas menores e mais interiores, que vão do clitóris à junção dos grandes lábios).

lesão genital: alteração na região do pênis, da vagina ou do ânus. Pode ser uma ferida, um caroço ou uma verruga, por exemplo.

mamilo: porção mais escura e sensível da mama.

masturbação: ato de provocar prazer sexual em si mesmo (ou no parceiro) por meio de carícias no órgão genital.

menarca: primeira menstruação; indício de que a garota já é capaz de engravidar.

menstruação: liberação da mucosa interna do útero que estava sendo preparada para abrigar um embrião. O fluxo da menstruação é composto principalmente de sangue e secreções do útero.

órgãos sexuais e reprodutivos: órgãos genitais envolvidos com a reprodução e com o ato sexual.

orgasmo: auge do prazer sexual. Nos homens, geralmente vem acompanhado da ejaculação.

ovários: órgãos femininos que produzem hormônios sexuais. Local onde ficam abrigados os óvulos até que amadureçam.

óvulos: células reprodutivas femininas. Ao serem fecundados por espermatozoides, dão origem ao embrião.

pelos púbicos: pelos que recobrem a região genital.

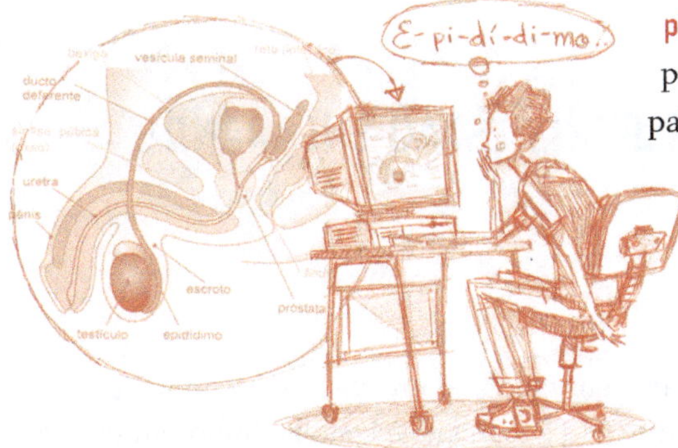

pênis: órgão sexual masculino, por onde passa a uretra. Serve para urinar e para transar.

polução noturna: ejaculação involuntária durante o sono. Pode ser acompanhada de um sonho erótico.

prepúcio: pele que recobre a glande.

puberdade: período de intensas mudanças físicas que transformam o corpo de criança num corpo de adulto.

testículos: órgãos masculinos que produzem hormônio e espermatozoides.

testosterona: principal hormônio masculino.

trompas: canais que ligam os ovários ao útero. Têm a função de transportar o óvulo. Podem ser chamadas de tubas uterinas ou trompas de Falópio.

uretra: canal que conecta a bexiga ao meio exterior. É por onde sai a urina. No caso dos homens, a uretra também está conectada à próstata. Ela passa por dentro do pênis e transporta os espermatozoides durante a ejaculação.

útero: órgão feminino onde o feto se desenvolve durante a gravidez.

vagina: canal que liga o útero ao meio externo. É onde ocorre a penetração do pênis durante a relação sexual e por onde o bebê nasce, em caso de parto normal.

pesquisa

COMO OS JOVENS BRASILEIROS ESTÃO ENCARANDO A SEXUALIDADE?

Primeira vez•

A primeira transa dos garotos ocorre, em média, entre os 13 e 14 anos. As meninas transam pela primeira vez entre os 15 e 16 anos. Detalhe importante: isso é apenas uma média, ou seja, tem muita gente que transa antes disso, e muitas pessoas que deixam para mais tarde!

Com camisinha•

A maioria da galera está se prevenindo! **65,8%** dos jovens de 16 a 19 anos dizem que usaram camisinha na primeira vez.

Sem camisinha••

Vacilo total! Eis as desculpas mais usadas pelo pessoal de 16 a 19 anos para não usar camisinha na primeira vez:

Meninos

→ Na hora H não tinha camisinha (**47,5%**);

→ Não pensou sobre isso (**21,7%**).

Meninas

→ Na hora H não lembrou (**36,4%**);

→ Confiava no parceiro (**29,2%**).

Prevenção, sempre••

Os garotos têm se cuidado mais do que as meninas. Em 2005, 51,5% dos rapazes e 32,6% das garotas de 16 a 19 anos disseram que usaram camisinha em todas as transas.

Contracepção•

Cerca de 9 em cada grupo de 10 adolescentes utilizam algum método anticoncepcional. Os mais usados são:

→ Camisinha;

→ Pílula;

→ Tabelinha e injeção anticoncepcional.

Gravidez precoce•••

O Brasil ainda tem uma taxa superalta de gravidez entre adolescentes. Em 2000, 1 em cada 5 partos foi feito numa garota de 15 a 19 anos. Entre as meninas com menos de 20 anos, 32% já têm pelo menos um filho.

Aids••••

No ano 2000, mais de 2.800 adolescentes de 13 a 19 anos foram diagnosticados com Aids no Brasil.

• *Juventude e Sexualidade*, pesquisa feita com 16.422 alunos de ensino fundamental e médio de 13 capitais brasileiras e do Distrito Federal. Unesco, 2004.

•• *Pesquisa sobre Comportamento Sexual e Percepções da População Brasileira sobre HIV e Aids*, realizada em 2005 pelo Centro Brasileiro de Análise e Planejamento (Cebrap) com 5.040 pessoas de 16 a 24 anos.

••• *Censo Demográfico 2000*, IBGE.

•••• *Boletim Epidemiológico do Programa Nacional de DST/Aids*. Ministério da Saúde, 2005.

teste: agora é com você!

Com certeza você já esteve no papel de Carol, Fábio, Melissa ou Luís, e sabe como é difícil tomar decisões numa situação completamente nova – especialmente quando a questão tem a ver com sexo. Refletir antes sobre o assunto ajuda na hora de decidir. Então que tal começar a fazer isso se colocando nas situações abaixo? Cada escolha sua é comentada!

Todos os seus amigos já beijam na boca. Você:

a) Ainda é B.V. e acha que o primeiro beijo tem que ser na hora certa com a pessoa certa.

b) Não deu o primeiro beijo ainda. Mas, se demorar muito, é capaz de beijar qualquer pessoa para não ficar de fora do grupo.

c) Não vê a hora de chegar a sua vez. Aliás, já está rolando um clima com alguém bacana...

d) Também já beija faz tempo.

Confira sua resposta e reflita:

a] Beijo tem que ser gostoso, e não uma obrigação. Se você acha que ainda não é a hora, respeite o seu ritmo. Só você pode saber qual é o momento certo.

b] Quem vai beijar: você ou o resto do grupo? A intimidade que você tem com um ficante deveria ser uma decisão pessoal, e não coletiva, você não acha?

c] Boa sorte! Como toda situação nova, isso deve dar um friozinho na barriga. Mas é tão gostoso, né?

d] Se você curte as pessoas com quem fica e respeita seus limites, já deve saber como é gostoso beijar.

Seu (sua) melhor amigo(a) conta que ficou com uma pessoa do mesmo sexo. Você:

a) Fica assustado(a) porque nunca havia pensado na possibilidade de seus amigos serem homossexuais.

b) Fica imaginando se a moda vai pegar no seu grupo, e se você também vai acabar experimentando.

c) Acha que a amizade entre vocês vai ficar abalada se a pessoa continuar a ficar com gente do mesmo sexo.

d) Dá o maior apoio e acha que, se a pessoa for homossexual, tem mais é que se assumir.

Confira sua resposta e reflita:

a) Lidar com situações inesperadas pode ser um pouco assustador mesmo. O contato com a homossexualidade pode ser tão novo para seu(sua) amigo(a) quanto para você. Tentar entender como ele(a) se sente e compartilhar o que você pensa pode ser um meio de encarar melhor essa situação.

b) Não é porque outras pessoas têm experiências homossexuais que você também precisa ter. A sua sexualidade deve estar ligada aos seus desejos, e não a modinhas! Não passe por cima de si mesmo(a) só para fazer o que seu grupo faz.

c) As pessoas têm desejos, gostos e preferências distintas. Com sexualidade, não é diferente! Não esqueça que, mesmo expressando a sexualidade de modo diferente do seu, seu(sua) amigo(a) continua sendo o(a) mesmo(a). Será que você não está sendo muito radical?

d) Nem sempre é fácil assumir sua orientação sexual, e contar com o apoio dos amigos é superimportante nessa hora. Mas tenha em mente que talvez a pessoa não esteja preparada para dividir isso com todo mundo. Cada um tem seu tempo, que deve ser respeitado.

Você está com algumas dúvidas sobre sexo. Sua primeira atitude é:

a) Procurar respostas na internet.
b) Conversar com seus amigos.
c) Buscar informações em revistas e jornais.
d) Perguntar para alguém mais velho.

Confira sua resposta e reflita:

a) A internet democratizou muito o acesso à informação. Mas também abriu espaço para um monte de bobagem. Cuidado com o que você encontra na rede! Tem muito *site* cheio de mentiras, mitos e besteiras. Seu filtro precisa estar ligadíssimo!

b) Conversar com os amigos pode ser um jeito ótimo de dividir suas angústias, mas você sabe que eles não têm respostas para tudo. Mesmo que já tenham ficado com mais pessoas, é provável que o nível de conhecimento dos seus amigos seja parecido com o seu.

c) Jornais e revistas são boas maneiras de se informar e, na maioria das vezes, trazem dados confiáveis. Mas nem sempre eles oferecem respostas exatas para o que você procura. Se ainda restarem dúvidas, que tal procurar a explicação direto com quem entende do assunto? Dê uma olhada na lista de serviços no final do livro (p. 118-119).

d) Pais, professores e amigos mais velhos podem explicar muitas coisas baseados na sua vivência e no seu conhecimento. Cuidado apenas quando a sua dúvida estiver ligada a um problema de saúde (como uma menstruação atrasada ou uma ferida esquisita que tenha aparecido). Tomar medicamento sem indicação médica pode ser uma enorme roubada!

Para meninos

Você está ficando com uma menina linda, e ela começa a passar a mão no seu corpo. Aí você:

a) Fica meio sem jeito e não sabe muito bem o que fazer.
b) Dá corda para ela. Afinal, todos os seus amigos estão vendo!
c) Fica assustado com a iniciativa dela – esse papel não deveria ser seu?
d) Gosta da sensação e curte muito a atitude da garota.

Confira sua resposta e reflita:

a) Se você não se sente confortável com a situação, não tenha medo de, sutilmente, dar um tempo no beijo.
b) Isso é uma ficada ou um show de exibicionismo? Quem tem que aproveitar os beijos e os amassos: você ou seus amigos?
c) Por que a menina não pode tomar a iniciativa? Talvez isso assuste muitos garotos, que acham que devem estar no controle sempre. Repense esse conceito.
d) Se ela deixou claro que está a fim, por que não aproveitar? Trocar carinhos é gostoso e saudável.

Para meninas

Você está com um cara muito fofo. No meio do beijo, ele tenta colocar a mão debaixo da sua blusa. Então você:

a) Fica assustada com a ousadia e tira a mão dele na hora.
b) Acha normal, porque todas as suas amigas dizem que os ficantes delas fazem a mesma coisa.
c) Acha o carinho gostoso, mas tem um pouco de medo de ele não saber quando parar.
d) Adora o amasso, principalmente se estiver num lugar tranquilo, em que vocês possam ficar mais à vontade.

Confira sua resposta e reflita:

a) Se você não gostou, tem mais é que deixar claros os seus limites! Não precisa dar um murro no cara, mas esclareça até onde você está disposta a ir.
b) Os ficantes de suas amigas podem fazer coisas bizarras e, mesmo assim, você acha normal só para não ser do contra? Você é quem tem que aproveitar o momento com o cara. Se for bacana, é você que vai curtir, e não elas.

c) Fica mais fácil ele saber o seu limite quando você mostrar. Se está sendo bacana, por que não curtir? Do contrário, por que não parar?

d) Você está curtindo a intimidade com o cara, sente-se segura com a situação e não está sendo forçada a nada. Tem mais é que adorar!

Para meninos

O clima está pegando fogo, mas vocês decidiram que ainda não era hora de transar.

a) Você deixa que ela tome as atitudes, porque nunca tinha imaginado o que fazer quando a coisa avançasse tanto.

b) Vai até onde pode, porque não aguenta mais ser o único virgem do grupo.

c) Começa a ficar meio tenso, porque não sabe direito o que está liberado e o que não pode fazer com ela.

d) Mesmo assim, você deixa uma camisinha por perto, caso a brincadeira fique mais íntima.

Confira sua resposta e reflita:

a) Se você deixa tudo a cargo da outra pessoa, será que realmente deveria estar nesse amasso? Não conseguimos imaginar como vamos agir em todas as situações, mas, em relação à sua sexualidade, você só deve deixar rolar aquilo com que se sente confortável.

b) Em vez de aproveitar beijos e carinhos, você acha mais importante se preocupar com o fardo de ser o último virgem da turma? Não deixe de curtir o momento para ocupar sua cabeça com coisas bobas.

c) Que tal prestar atenção nos sinais que ela dá? Um abraço mais forte ou um beijo longo dão a entender que está tudo bem. Já o afastamento do corpo pode ser um "peraí". Se você não entende esses sinais mais sutis, não tenha medo de abrir o jogo e conversar com ela.

d) Jogada de mestre! Mesmo que não haja penetração, a camisinha deixa o casal mais tranquilo (e protegido!) se houver um contato mais próximo. Aliás, essas preliminares podem ser um meio de conhecer melhor a parceira e se sentir mais à vontade quando a transa acontecer de verdade.

Para meninas

Os amassos foram esquentando e, quando você se deu conta, algumas peças de roupa já tinham ido para o espaço.

a) Você para tudo de uma vez, inventa uma desculpa e vai embora.
b) Finalmente, você pode dizer para suas amigas que já viu um cara sem roupa que não fosse seu irmão pentelho saindo do banho!
c) Você gosta, mas tem medo de, mesmo sem transar, perder a virgindade nessas brincadeiras.
d) Você acha legal essa intimidade que está criando com ele.

Confira sua resposta e reflita:

a) Você vai deixar o cara com um megaponto de interrogação na cabeça, sem saber o que deu em você? Mostre que a situação foi além do que você gostaria. Varrer a poeira para debaixo do tapete não vai ajudar o relacionamento de vocês.

b) Fala sério! Para ver um cara sem roupa era só abrir o livro de biologia. Se o problema era dividir isso com as amigas, vocês poderiam fazer uma vaquinha para comprar um livro de anatomia. Preste mais atenção em você e no que está vivendo, e não no que vai falar no dia seguinte.

c) Se você chegou a um certo grau de intimidade com o parceiro, não é um pouco hipócrita se apegar somente à virgindade? Será que uma menina que faça sexo oral, por exemplo, pode ser considerada virgem só porque ainda tem o hímen? Iniciar a vida sexual é incrível, mas traz a responsabilidade de assumir e analisar seus próprios atos.

d) Brincar, explorar, amassar, beijar, abraçar... Todos são meios de estabelecer intimidade com a outra pessoa. E, para transar, é necessária uma intimidade enorme – você só vai curtir de verdade se estiver se sentindo à vontade. Ter um laço de intimidade com o cara pode deixar as coisas muito mais tranquilas.

Para meninos

Você sente que a primeira vez está chegando.

a) Seu maior desespero é não conseguir transar direito.
b) Espalha para todos os seus amigos que é questão de dias.
c) Dá um jeito de arrumar um lugar onde possa rolar.
d) Compra algumas camisinhas e, quem sabe, até um lubrificante.

Confira sua resposta e reflita:

a) Tudo bem, situações novas amedrontam um pouco. Mas a primeira vez deveria ser um momento gostoso, não um fantasma cobrando uma performance impecável. Falhas acontecem, resta saber se você está pronto para lidar com elas. Se não, pense bem se você quer mesmo transar agora.

b) E o que você espera que eles façam? Que aplaudam? Sua vida sexual diz respeito a você e sua parceira, e não a uma plateia. Pense no que quer, não no que esperam de você.

c) Um lugar tranquilo, reservado e onde vocês não sejam incomodados pode ajudar muito a deixar a primeira vez mais bacana e sossegada. Mas será que você não está se esquecendo de alguns detalhes mais importantes, como prevenção e segurança?

d) Começar a vida sexual prevenido é um ótimo início. Sinal de maturidade e segurança. Nada melhor do que ter um dia (ou uma noite) especial e poder lembrar no dia seguinte com carinho, e não com pavor de ter acontecido uma gravidez ou de ter pegado uma DST.

Para meninas

Para você, a hora certa da primeira vez é:

a) Quando você encontrar o cara perfeito.

b) Quando seu namorado tomar a iniciativa.

c) Quando rolar o clima, e você se sentir à vontade.

d) Quando você se sentir segura e tiver tomado os cuidados necessários.

Confira sua resposta e reflita:

a) Já contaram para você que príncipes encantados só existem nas fábulas? O conceito de cara perfeito pode variar de acordo com a época, com o que você está sentindo e com o quanto você está apaixonada. Enquanto isso não ficar claro, talvez seja melhor esperar.

b) Você vai agir como um saco de batatas, esperando ser carregada de um lado para outro? Não é só ele quem vai transar. Você também tem que se sentir pronta para tomar essa decisão. Se fosse para ele transar sozinho, bastava a masturbação.

c) Deixar rolar torna a situação espontânea, sem muita pressão. Mas, infelizmente, o sexo não tem só aspectos prazerosos. Primeiro, alguns cuidados precisam ser tomados. Que tal se preparar antes de tomar um susto?

d) Um método anticoncepcional seguro, prevenção contra DSTs e a certeza de que você está a fim são os passos certos para começar uma vida sexual saudável.

veja quem também pode ajudar

A seguir você encontra uma lista de serviços confiáveis para ajudar a resolver problemas e a tirar dúvidas sobre sexo.

Sexualidade em geral

Sexualidade Humana – Unifesp Virtual

Programa educacional mantido pela Universidade Federal de São Paulo (Unifesp). Traz textos e animações que explicam o funcionamento do corpo feminino e do masculino, as mudanças que ocorrem na adolescência, a gravidez e como prevenir DSTs.
www.virtual.epm.br/cursos/apresentacao/apresentsex.htm

Portal da Sexualidade

Site coordenado pela Dra. Carmita Abdo, do Projeto de Sexualidade do Instituto de Psiquiatria da Universidade de São Paulo. Tem uma seção especial sobre a saúde sexual dos adolescentes.
www.portaldasexualidade.com.br

Instituto Kaplan

Organização social especializada em educação sexual. Desenvolve projetos e oferece palestras e oficinas sobre sexualidade, utilizando jogos educativos produzidos pela instituição. O Instituto Kaplan mantém um serviço de tira-dúvidas, o SOSex. Profissionais especializados em sexualidade respondem às perguntas pelo telefone ou pelo *site*.
Tel.: (11) 5093-0525
www.sosex.org.br
www.kaplan.org.br

Ecos – Comunicação em Sexualidade

ONG de defesa dos direitos sexuais e reprodutivos de mulheres, adolescentes e jovens. Produz materiais educativos (livros, boletins, DVDs e programas de rádio) sobre sexualidade, prevenção de gravidez e DSTs.
www.ecos.org.br

GTPOS – Grupo de Trabalho e Pesquisa em Orientação Sexual

ONG dedicada a orientar adolescentes sobre sexualidade e prevenção de DSTs. Alguns projetos do grupo são feitos por ado-

lescentes para adolescentes, ou seja, os jovens capacitados pela ONG é que ministram palestras nas escolas para orientar pessoas da sua idade.
www.gtpos.org.br

Disque-Adolescente – SP

Serviço mantido pela Secretaria de Saúde do Estado de São Paulo. Profissionais da saúde respondem pelo telefone dúvidas ligadas à sexualidade. Quem liga não precisa se identificar.
Tel.: (11) 3819-2022

Centro de Referência do Adolescente Isabel Souto

Projeto da Secretaria de Saúde do Estado da Bahia. Uma equipe multidisciplinar dá respostas para as dúvidas de jovens e de suas famílias sobre prevenção de gravidez, DSTs e saúde. Por meio do Disque-Adolescente, as perguntas podem ser feitas por telefone.
Tel.: 0800-713535
www.saude.ba.gov.br/cradis.html

Aids e DSTs

Programa Nacional de DST e Aids

Portal mantido pelo Ministério da Saúde, com várias informações sobre DSTs e Aids. Além de respostas para as dúvidas mais comuns e informações sobre a Aids no Brasil, o *site* apresenta uma extensa lista de endereços úteis, incluindo os dos laboratórios em que se podem fazer testes de HIV gratuitamente.
www.aids.gov.br
Dúvidas também podem ser respondidas pelo Disque-Saúde, mantido pelo Ministério da Saúde.
Tel.: 0800-611997

Apta – Associação para Prevenção e Tratamento da Aids

ONG que mantém projetos educativos de prevenção à Aids. Oferece palestras e oficinas para escolas de todo o país, além de capacitar jovens como multiplicadores de informação.
www.apta.org.br

Agência de notícias da Aids

Projeto que realiza levantamento de notícias e informações sobre a Aids. O *site* é atualizado todos os dias.
www.agenciaaids.com.br